진중권의

테크노 인문학의 구상

공부의
시 대

진중권의 테크노 인문학의 구상

창비

얼마 전 어느 유명한 강사가 텔레비전 인문학 강연에서 엉뚱한 사람의 작품을 장승업의 작품으로 소개하는 실수를 했다. 이 일을 계기로 마치 약속이나 한 듯이 출판과 방송 시장에 부는 인문학 붐을 비판하는 목소리들이 일제히 쏟아져나왔다. '인문학의 상품화' '광대의 인문학' '인문학 페티시즘' 등 다양한 표현을 사용했지만, 그 목소리들이 내는 메시지는 지금 세간에 떠도는 인문학은 진정한 인문학이 아니라는 것으로 요약된다.

그 목소리들에 경청할 대목이 없지는 않다. 하지만 인문학을 상품화하는 광대들의 페티시즘보다 나를 더 불편하게 하는 것은 '가짜'와 '진짜'를 구별하려 드는 이들의 플라톤적 독단이다. '진짜' 인문학과 '가짜' 인문학을 가르는 기준을 누가 가졌을까? 가수 신해철이 언젠가 이런 말을 했다. "음악의 신이 지닌 천개의 얼굴 중 어느 하나도 그분의 얼굴이 아닌 것이 없다." 인문학에 대해서도 같은 얘기를 할 수 있을 것이다.

인문 정신의 수호자들에게 시장의 인문학은 플라톤이 말한 '시뮬라크라'(simulacra), 즉 사이비로 보일 것이다. 플라톤이 그 말로써 지칭한 이들 중의 하나가 사이비 철학자, 즉 지혜를 상품으로 팔아먹던 소피스트들이었다. 플라톤은 자신과 스승인 소크라테스만은 진짜 철학자라 굳게 믿었지만, 남들도 다 그렇게 믿어준 것은 아닌 모양이다. 가령 아리스토파네스는 자신의 희극에서 소크라테스를 말장난으로 먹고사는 소피스트로 묘사했다.

발터 벤야민(Walter Benjamin)은 '창조성' '비의성' '영원성'과 같은 술어로 예술에 아우라를 씌우는 것을 '예술의 속물적 개념'이라 부른 바 있다. 온갖 술어로 인문학을 아우라로 포장하는 시도에 대해서도 같은 얘기를 할 수 있지 않을까? 인문학을 무슨 이상한 세속종교로 여기지 않을 거라면, 상아탑의 진짜 인문학이 외면을 받고 장바닥의 가짜 인문학이 환영을 받는 현상에서 '타락'과 '말세'의 징후 이상을 읽어내야 한다.

시장의 인문학은 피상적이다. 하지만 나는 그 피상성을 예찬하는 편이다. 오늘날 인문학은 스크립트(script)처럼 이미지와 사운드의 아래로 가라앉고 있다. 디지털 대중이 접하는 것은 스크립트의 심층이 아니라 이미지와 사운드의 표면이다. 장바닥의 인문학자들은 그 표면의 디자이너들이고, 그 피상적 표면이 인문학과 대중이 만나는 인터페이스다. 나는 그 시장의 광대들의 상업적 성공에서 외려 많은 것을 배운다.

끝없이 반복되는 클리셰가 '인문학은 얇은 지식이 아니라 깊은 성찰을 제시해야 한다'는 것이다. 문제는 그 '깊은 성찰'이라는 것을 도대체 본 적이 없다는 것이다. 내가 보기에 인문학의 위기는 표면이 아니라 심층에서 나온다. 컴퓨터 작업에도 다양한 층위가 있다. 기계어로 하는 작업, C언어로 하는 작업, 매뉴얼로 하는 작업 등등. 인문학도 마찬가지다. 그 모든 깊이와 표면에서 이루어지는 작업이 다 인문학이다.

따라서 각자 자기의 층위에서 그 깊이에 맞는 인문학을 하면 된다. 물론 재능이 받쳐준다면 다양한 층위를 오르내리며 작업을 할 수도 있을 것이다. 인문학적 '성찰'이라는 것은 그 어떤 층위에서도 가능하다. 그리하여 심층에서 얕게 사고할 수가 있는가 하면, 표면에서 깊이 사유할 수도 있다. 최근 나의 관심은 디지털 시대에 이 표면과 심층이 관계를 맺는 다양한 방식과 양상을 관찰하는 데에가 있다.

이 책에 수록된 강연에서 나는 '테크노 인문학'의 구상을 제안했다. 그 구상은 문자문화의 종언이 가져온 위기 속에서 인문학이 나아가야 할 길을 모색하는 지적 여정에서 얻어진 것이다. 지금과 같은 다원주의 시대에 이것만이 인문학을 하는 올바른 방식이라 얘기하는 것은 무모한 일이다. 이런 상황에서 할 수 있는 것은 그저 지금

내가 하는 인문학의 작업을 보여주는 것뿐이었다. 위기는 하나이나, 길은 다양할 수 있다.

2016년 6월

진중권

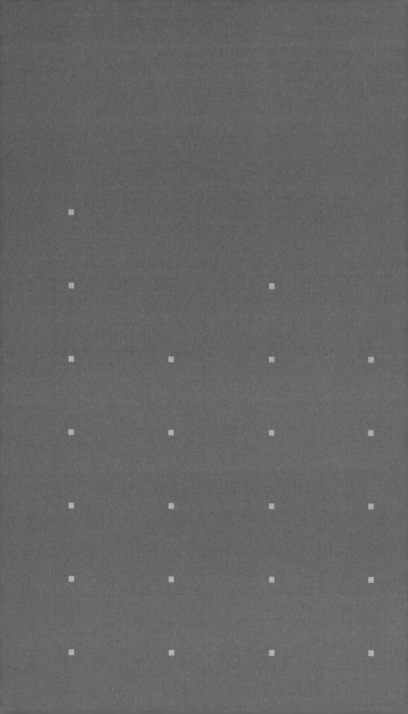

진중권의

테크노 인문학의 구상

인문학의 위기와 디지털 시대

안녕하세요. 반갑습니다. 오늘 주제가 '디지털 시대에 무엇을 공부할 것인가'인데, 여러분이 무엇을 공부하셔야 할지를 제가 말씀드릴 수는 없으니 제가 지금 무슨 공부를 하고 있고 또 어떤 분야에 관심을 갖고 있는지 말씀드리는 것으로 그 질문에 답해보도록 하겠습니다.

저는 아시다시피 인문학을 공부하고 있고, 전공은 철학, 그중에서도 미학입니다. 요즘 철학이 처한 상황을 보면 안타깝고 갑갑하고 심지어 절망스럽기까지 합니다. 과거에는 철학의 근본 문제는 존재론이라고 했죠. 그런데 최근 철학의 근본 문제는 '철학을 도대체 왜 하느냐?'로 바뀐 것 같습니다.

물론 우스갯소리로 한 얘기지만, 이게 그저 농담에 불과한 것은 아닙니다. 이 시점에서 진지하게 인문학의 위기를 근본적으로 성찰해봐야 한다는 생각이 듭니다. 사실 인문학의 위기는 비단 한국만의 문제가 아닙니다. 얼마 전에 문헌조사를 하러 제가 다녔던 독일의 베를린자유대학에 갔다가, 거기에서도 고전문헌학과가 없어진다는 얘기를 들었습니다. 이것만 보아도 이게 우리나라만이 아니라 전 세계적인 현상이라는 것을 알 수 있습니다. 사람들이 굳이 인문학을 요구하지 않는 상황에서 과연 철학을 계속한다는 것이 무슨 의미가 있느냐 하는 회의가 듭니다.

사실 철학의 위기, 혹은 인문학의 위기는 새로운 이야기가 아닙니다. 실은 굉장히 오래된 현상이죠. 고대 그리스에서는 '필로소피아'(philosophia)가 지식의 모든 분야를 아우르고 있었습니다. 그러다가 거기에서 고대인들이 '피지카'(physica)라 부른 것, 즉 자연과학이 떨어져나갑니다. 그것을 제외한 나머지 분야를 고대인들은 '메타피지카'(metaphysica)라고 불렀습니다. 오늘날에는 이 부분만을 철학이라 부르는데, 사실 고대에 철학적 사유의 범위는 매우 넓었습니다. 오늘날 인문학은 물론이고 부분적으로는 사회과학에 속하는 문제영역까지도 포괄하고 있었으니까요. 그러다가 근대 이후 지식의 분업화를 통해 사회과학과 인문과학에 속하는 분과들마저 철학에서 떨어져나가고, 20세기에 이르러 철학은 형해화(形骸化)하여 그 영역이 거의 언어분석으로 한정되기에 이릅니다. 딸들에게 재산을 모두 나눠주고 거지가 된 리어왕의 신세라고 할까요?

'이론'(theory)이라는 말의 어원은 그리스어 '테오리아'(theoria)입니다. '테오리아'란 육체가 아닌 정신의 눈으로 변화무쌍한 현상들 속에서도 영원히 변하지 않는 세계의 근원적 원리를 조용히 바라보는 것을 가리킵니다. 그 근원적 원리를 철학에서는 '아르케'(arche)라 부르죠. 가령 플라톤에게 아르케는 이데아(idea)였고, 데모크리토스는 그것을 원자라고 생각했죠. 이렇게 실용적 활동에서 벗어나 정신의 눈으로 조용히 세계의 본질을 꿰뚫어보는 것이 바로 테오리아, 즉 관조(觀照)입니다. 그리스 사람들은 이 테오리아에 몰두하는 삶을 '스콜라'(schola)라고 불렀습니다.

고대 그리스인들은 스콜라를 최고의 여가라고 여겼습니다. 학자(scholar), 장학금(scholarship), 학교(school)와 같은 낱말들도 바로 여기서 나온 거죠. 철학을 최고의 여가활동으로 여겼으니, 참 좋은 시절이었지요. 물론 이 자유는 타인들의 희생을 토대로 한 것이었습니다. 그 시절 생존에 필요한 노동이나 영리를 위한 활동 등은 모두 노예에게 맡겼으니까요. 그 덕분에 물질적 필요에서 해방되어 운동과 목욕으로 신체를 돌보거나 정치나 철학으로 영혼을 배려하며 살 수 있었던 거죠.

인문학을 보통 자유교양(liberal arts)이라고 하지요. 그때 '자유롭다'(liberal)는 말은 원래 영업활동, 즉 먹고사는 활동에서 자유로운 기술과 기예를 뜻했습니다. 그것이 바로 인문학이었죠. 그 바탕에는 물론 하층민들의 영리활동은 육체적 노동을 동반한 천박한 활동이라는 편견이 깔려 있긴 합니다. 아무튼 자유교양이란 원래 생업과 관계없는

고대 철학자들을 그린 라파엘로의 「아테네 학당」.

고상한 정신노동이라는 뜻을 갖고 있었습니다.

르네상스 때까지만 해도 이 고대의 전통이 여전히 남아 있었습니다. 아시다시피 대학의 전신은 중세의 신학교입니다. 고대에 형이상학이 차지했던 자리를 중세에는 신앙이 차지한 것이죠. 아시다시피 신학은 현실에서는 아무 짝에도 쓸모없는 학문입니다. 현세가 아닌 내세를 위한 학문이니까요. 중세가 끝나고 신앙이 약화되면서 그게 세속화하여 오늘날의 대학으로 변모한 것입니다.

혹시 문리대(文理大)라는 말, 기억나시나요? 옛날에는 '이대 문리대' '서울대 문리대'라고 했잖아요. 그때는 문리대가 대학의 핵심이었습니다. 문과에서는 흔히 문사철, 즉 문학·사학·철학, 이과에서는 수학·물리학·천문학처럼 영리나 기술과는 아무 관계 없는 순수학문이 대학의 중심이었습니다. 그런데 최근에는 문리대라는 말을 아예 들을 수 없게 되었죠. 인문학은 말할 것도 없고 자연계에서도 수학이나 물리학은 거의 찬밥 신세입니다. 여러분도 아마 '이과'라고 하면 먼저 공대가, '문과'라고 하면 일단 경영대가 생각날 겁니다. 그렇죠? 한마디로 돈 버는 학문이 대학의 중심이 되어버렸습니다.

비교적 최근까지만 해도 공대는 대학이 아니었습니다. 독일에서는 공대를 대학이 아닌 기술전문학교(Technische Hochschule)라고 불렀지요. 그러다가 1970년대 초반에 이르러서야 비로소 공과대학(Technische Universität)이라 부르기 시작했습니다. 그전까지만 해도 공대는 아예 대학 취급을 안 했었습니다. 공대생을 이른바 '공돌이' 취급을 했던 것이죠. 마찬가지로 음악대학도 원래 대학이 아니었습니다. 독일에서 음대는 그보다 더 늦게, 그러니까 제가 유학을 하던 1990년대 중반에야 비로소 대학이 됩니다. 그래서 음대생들이 졸지에 졸업논문을 써야 하는 처지가 됐죠. 이렇게 대학의 중심이 과거와 완전히 달라져버렸습니다. 대학의 꽃이었던 문리대는 주변으로 밀려나고, 그 대신에 과거에는 대학 취급도 안 해줬던 분과들이 외려 대학의 중심으로 떠오르게 된 거죠.

유럽에서는 르네상스 이후로 학문이 급속히 세속화

합니다. 지적 연구의 중심이 신학교에서 공방으로, 공장으로 점점 옮겨가기 시작해 오늘날에는 기업의 연구소로 들어가버렸죠. 우리나라만 하더라도 대기업이라 불리는 규모의 회사에는 수천명의 박사급 연구원이 고용되어 있습니다. 일개 회사가 대한민국 웬만한 대학들을 다 합쳐놓은 규모의 연구 인력을 거느리고 있다는 얘기죠. 이 과정에서 '관조'를 의미했던 테오리아는 오늘날처럼 '이론'(theory)이라는 의미를 띠게 됩니다. 오늘날 이론은 순수한 지식이라는 성격마저 잃고 거의 '제작의 노하우'와 동일시되기에 이르렀죠. 그런 경향의 시작 역시 따지고 보면 르네상스로 거슬러올라갑니다.

하지만 학문이라는 것이 본격적으로 영리활동과 결합하는 것은 아무래도 20세기의 현상이라고 봐야 할 것입니다. 사실 산업혁명 시기만 하더라도 과학은 아직 실용성이 전혀 없었으니까요. 산업혁명은 학자들의 작품이 아니었습니다. 예를 들어 증기기관을 만들어내 산업혁명에 중요한 역할을 한 제임스 와트(James Watt)는 대학교수가 아니라 탄광의 노동자였습니다. 그러다가 20세기 중반, 과학혁명이 일어나면서 비로소 과학이 기술의 동료가 됩니다. 흔히 '과학기술'이라고 그러죠? '과학' 뒤에 거의 자동적으로 '기술'이 따라붙듯이, 오늘날 기술은 과학의 뒷받침 없이는 생각할 수 없는 것이 되어버렸습니다. 한마디로, '관조'를 뜻하던 테오리아가 어느 순간 세속화하여 '이론'이 되더니, 최근에는 아예 '제작의 노하우'로 변해버린 겁니다. 오늘날 제작과 관계되지 않은 순수이론은 아무짝에도 쓸모없는 존재로 취급받습니다.

과학혁명·정보혁명 이후 대학은 본격적으로 산업과 결탁하기 시작합니다. 그것이 이른바 '산학협력'이라는 것이죠. 말이 산학의 '협력'이지, 그 관계에서 주도권이 어디에 있는지는 굳이 말할 필요 없을 겁니다. 기업에서는 대학을 향해 '맞춤형 인재'를 생산해달라고 요구합니다. 극단적인 경우에는 아예 기업이 대학을 인수하는 일도 벌어지죠. 최근에 중앙대에서 어떤 사태가 일어났는지 보셨죠? 대학이 기업에 완전히 종속되어 전교생이 '교양'의 이름으로 강제로 회계를 배우는 사태가 벌어졌습니다. 그리고 지금 교육부에서 대대적으로 인문학을 퇴출하는 사업을 벌이고 있지요? 교육부에서 인문학을 지원하기 위해 자금을 지원한다고 하는데, 그 속내를 들여다보면 결국 인문학 정원을 지금의 절반으로 줄이라는 겁니다. 그리고 미안하니까 이 돈이나 먹고 떨어지라는 거죠.

인문학을 배우는 학생들의 수가 줄면 그것을 가르치는 교수들의 수도 줄어들고, 그러면 교수 한 사람이 담당해야 할 연구의 영역이 더 넓어질 수밖에 없고, 그만큼 인문학은 깊이가 얕아질 수밖에 없습니다. 지금 저도 거의 미학사와 미술사 전체를 망라하여 글을 쓰고 있는데, 다른 나라에서라면 있을 수 없는 일이죠. '인문학의 위기'라는 것은 이렇게 거시적인 사회변동에서 유래하는 것입니다. 영리활동과 직접 연결되지 않는 순수한 학문들이 그가치가 평가절하되어 점점 사라져가는 것이죠. 아마도 이것이 지금 우리가 직면한 '인문학의 위기'의 가장 중요한원인일 것입니다.

문자문화의
종언

미디어 패러다임의 변화 역시 인문학의 쇠락에 결정적 영향을 끼친 요인으로 꼽을 수 있습니다.

미디어 이론의 시각에서 보자면 인문학은 문자문화의 대표이자 구텐베르크 혁명의 총아라고 할 수 있습니다. 문자문화가 인쇄술과 결합하면서 수많은 사람들이 문자를 읽고 쓸 수 있게 되었죠. 그 결과 인구의 거의 대부분이 합리적 의식, 데까르뜨(R. Descartes)의 말대로 "나는 생각한다. 고로 존재한다"(cogito ergo sum)는 이성주의의 세례를 받게 된 것입니다. 월터 옹(Walter J. Ong)의 말대로 미디어는 의식을 재구조화합니다. 우리가 오늘날과 같은 논리적인 사유, 이성적인 사유를 갖게 된 것은 인쇄술 덕분에 문자문화가 모든 계층으로 확산된 결과라 할 수 있습니다.

그런데 최근 들어서 이 문자문화가 사라지고 있습니다. '구텐베르크 은하의 종언'이라는 말이 이미 1950년대부터 나오기 시작했죠. 마셜 매클루언(Marshall Mcluhan)이 텔레비전을 보고 한 말입니다. 생각해보세요. 과거에는 정보를 취득하려면 문자를 읽어야 했습니다. 하지만 텔레비전이 이미지와 사운드로 정보를 전달하기 시작한 이래로, 정보는 더이상 읽는 것이 아니라 눈으로 보고 귀로 듣는 것이 되어버렸습니다. 이걸 보고 매클루언이 문자문화의 시대는 끝났다고 선언한 것이죠. 매클루언이 목도했던 전자매체의 혁명도 이제는 아날로그를 거쳐서 어느새 디지털 단계로 진화했습니다.

요즘 젊은이들은 좀처럼 책을 읽지 않습니다. 정보 전달의 플랫폼이 바뀌었기 때문이죠. 예를 들어 옛날에 정치에 관심 있는 사람은 사상 서적을 읽었습니다. 하다못해 팸플릿이나 월간지, 주간지, 일간신문이라도 읽었지요.

그런데 요즘은 어떻게 하나요? 정치에 관한 정보를 얻느라 수백쪽짜리 책을 읽지 않습니다. 요즘 정치에 관심 있는 사람들은 팟캐스트를 듣죠. '나는 꼼수다' '노유진의 정치카페' '김어준의 파파이스' 등등.

책을 쓴다는 것은 본질적으로 1인칭-3인칭의 관계입니다. 다시 말하면 1인칭 저자가 3인칭 주제에 대해서 독백을 하는 거죠. 그 고독한 목소리를 독자가 돈을 주고 책을 사서 엿듣는 겁니다. 반면 팟캐스트는 1인칭-2인칭 모델 위에 서 있어서, 독백이 아니라 대화를 하죠. 거기에 사용되는 언어 역시 문어체가 아니라 구어체입니다.

컴퓨터가 처음 등장했을 때만 해도 그것은 여전히 문자문화의 수단이었습니다. 우리 사회에 PC가 들어온 1980년대 말~90년대 초만 해도 컴퓨터는 문과생들에게는 타자기였고, 이과생들에게는 계산기였습니다. 하지만 요즘은 '컴퓨터'라고 하면 뭐가 떠오릅니까? 바로 영상매체입니다. 컴퓨터의 의미, 아니 기능이 완전히 변해버린 거죠. PC통신 초기만 해도 문인들이 컴퓨터를 많이 사용했습니다. 밤새 정성스레 글을 써서 올리면 다음날 역시 정성스레 쓴 반론이 올라왔습니다. 그런데 요즘은 긴 글을 올리면 욕을 먹습니다. 그 밑에는 대개 이런 댓글이 붙죠. "윽, 스크롤 압박!" "누가 세줄로 요약 좀 해줘요." "참 좋은 글입니다. 물론 읽진 않았습니다만."

요즘 인터넷에서 대중들이 소통하는 방식을 보세요. 이미지 한 컷에 캡션을 붙이는 식입니다. 문자 커뮤니케이션에서 영상 커뮤니케이션으로 방식이 완전히 바뀌어버린 거죠. 이것은 무엇을 의미할까요? 한마디로 인문학을 한다고 해도 그것을 읽어줄 사람이 없다는 것입니다. 오늘날 우리가 처한 '인문학의 위기'는 이렇게 미디어 환경, 즉 플랫폼의 변화에 따른 결과로 볼 수가 있지요.

매체가 의식을 재구조화한다고 앞에서 말씀드렸듯이, 문자로 의식을 구성한 사람과 영상으로 의식을 구성한 사람은 사고방식 자체가 다릅니다. 문자문화 세대에 속하는 저 같은 사람은 세계를 알고 싶으면 책을 읽어야 했습니다. 책 속에 든 정보는 앞에서 뒤로, 시작부터 끝까지 선형적으로 수용되죠. 문자세대는 선형적 시간관념에 따른 역사주의적 의식을 가지고 있습니다. 시간은 과거로부터 흘러와 현재를 거쳐 미래로 날아갑니다. 우리는 시간의 이 비가역적 흐름 속에서 역사적 사건의 의미를 찾지요. 문자문화의 역사주의적 의식은 '과거 피억압자의 기억을 오늘에 기념하고, 현재의 우리를 희생하여 후세에게 더 정의로운 사회를 물려주는 것'에서 삶의 의미를 발견합니다. '우리가 지금 하는 이 모든 희생이 텔로스(telos), 즉 언젠가 인류가 도달할 이상사회를 통해 보상을 받는다'는 의식이죠.

요즘 젊은이들에게 이런 의미의 역사의식이 있을까요? 없습니다. 선형적·역사적·계몽적 의식을 가진 우리 세대는, 책으로 '배운' 우리가 민중을 계몽하여 함께 더 정의롭고 자유로운 세상을 만들어야 한다고 생각합니다. 요즘 젊은이들에게는 아주 낯선 생각이죠. 요즘 세대에게 너희들에게 역사는 무엇이냐고 물어보면 '사극의 배경이죠'라고 대답할 겁니다. 미래는 무엇이냐고 물으면 아마도 'SF의 배경'이라고 대답하겠죠. 얼마 전에 누군가 인터넷에 별생각 없이 '뒤주에 갇혀 죽은 사도세자'라고 썼다가 곤욕을 치렀습니다. 영화 「사도세자」 때문이죠. 나 그 영화 아직 안 봤는데 왜 스포일링을 하느냐는 겁니다.

우리에게 '히스토리'(history)인 것이 젊은 세대에게는 '스토리'(story)인 겁니다. '역사'에서는 참·거짓을 따지는 게 중요합니다. 그래서 '역사 왜곡'을 그토록 경계하는 거죠. 반면 '이야기'에서 참·거짓은 중요한 게 아닙니다. 과거에는 거짓말하는 자를 나쁜 놈이라 불렀죠. 요즘 나쁜 놈은 거짓말하는 자가 아닙니다. 오늘날 죄인은 거짓말하는 사람이 아니라 지루한 사람입니다. 다른 건 다 용서해도 지루한 것만은 용서 못 한다는 거죠. 설사 거짓말이라도 재미만 있으면 된다는 겁니다. 참이냐 거짓이냐의 구도가 재미있냐 지루하냐의 구도로 변해버린 겁니다.

바로 이것이 우리의 '역사적' 의식과 구별되는 젊은 세대의 '서사적' 의식입니다. 영상세대는 시간에 대해서도 비선형적 의식을 갖고 있습니다. 예전에 우리는 극장

개봉을 놓치면 영화를 못 봤습니다. 드라마 방영시간을 놓치면 다시 볼 수 있는 방법이 없었습니다. 하지만 요즘은 손끝만 움직이면 흘러간 과거를 되돌려서 무엇이든 다시 볼 수가 있습니다. 비가역적이었던 시간이 클릭할 수 있는 '공간'이 되어버린 것입니다. 이렇게 과거·현재·미래가 뒤섞이다보니 현대의 외과의사가 조선시대로 들어가는 황당한 설정도 별 거부감 없이 받아들이는 거죠. 이때 과거와 현재는 역사적 의미에서 인과관계를 갖는 것이 아니라, 서사적 의미에서 인과의 관계를 맺게 됩니다. 한마디로 역사의 기술(記述)은 스토리의 텔링으로, 역사의 교훈은 서사의 재미로 치환되어버리는 것입니다.

인문학의 독서 인구가 감소한 데에는 그밖에도 여러 원인이 있을 겁니다. 그중의 하나를 꼽자면 진리에 대한 믿음이 사라져버렸다는 것입니다. 예전에는 책이 곧 세계요 진리라고 믿었습니다. 제가 대학 다닐 때만 해도 제가 관심을 가진 분야에서 읽을 만한 책이 잘해야 일년에 댓권 나왔으니 거의 다 읽을 수 있었습니다. 그런데 요즘은 그런 책이 일년에 수십권씩 나옵니다. 옛날에는 한 주제에 대해 한권의 책을 읽으면 '아, 세계를 알았노라' 하고 생각했는데, 요즘은 서점에 가보면 한 주제에 대해 서로 다른 얘기를 하는 책이 수십권씩 깔려 있습니다.

그러다보니 사람들이 자연스레 책 속에 든 것이 진리가 아니라는 생각을 하게 됩니다. 책 속에 든 것이 세계의 진리가 아니라 그저 세계에 대한 하나의 가능한 해석에 불과하다고 느끼는 거죠. 그러다보니 진리도 아닌 것을 왜 읽어야 하나, 왜 굳이 돈을 주고 사야 하나 근본적인 의문이 생길 수밖에 없죠. 미디어 철학자인 빌렘 플루세르(Vilém Flusser)의 말을 빌리자면, 예전에는 현대인의 심리를 알고 싶으면 도스또옙스끼를 읽으라고 했지만, 요즘은 도스또옙스끼를 읽고 알 수 있는 것은 현대인의 심리가 아니라 도스또옙스끼의 심리입니다. 이로써 위기에 처한 것은 책의 권위입니다.

주체의 죽음, 역사의 죽음, 정치적인 것의 죽음 등등 이른바 포스트모던이라는 이름으로 등장한 담론들은 미디어 플랫폼의 변화가 야기한 의식구조의 변화가 철학적으로 반영된 것에 불과하다고 할 수 있습니다. 한마디로 문자에 기반을 둔 의식이 무너지고 영상적 의식, 구술적 의식이 그 자리를 차지한 것입니다. 디지털문화에서는 영상문화와 구술문화가 새로운 차원으로 결합됩니다. 문자가 없던 시절에는 정보를 말과 그림으로 전달할 수밖에 없었죠. 이미지와 사운드로 소통하던 시절의 의식이 디지털 테크놀로지에 힘입어 새로운, 더 높은 차원에서 복귀하고 있는 겁니다. 문자문화 이전에 사람들을 지배했던 구술적 의식, 즉 신화적·설화적·동화적·환상적 의식이 첨단 IT 기술과 결합된 형태로 다시 나타나고 있는 거죠.

언뜻 보기에 이것은 정신적 퇴행으로 보입니다. 오래전에 역사의 뒤안길로 사라졌던 의식의 형태가 되돌아왔으니까요. 하지만 본질적으로는 오히려 우리의 의식이 더 높은 차원으로 진화하는 현상이라고 볼 수 있습니다. 물론 모든 사람의 의식이 높은 수준으로 따라 올라가는 것은 아닙니다. 부분적으로는 퇴행도 일어날 수 있지요. 그

퇴행이 대중적 취향으로 표현된 것이 바로 요즘 횡행하는 음모론입니다. 음모론은 한마디로 말도 안 되는 소리죠. 하지만 그 설화적·동화적 시나리오를 풀어나가는 방식은 매우 과학적이고 기술적입니다. 꽤 똑똑한 사람들마저도 그런 어처구니없는 이야기에 빠지는 이유가 아마도 거기에 있겠지요.

새로운
방식의
글쓰기

이제까지 살펴본 것처럼 인문학의 위기는 한편으로는 르네상스 이후에 일어난 거시적 사회변동의 결과로 인해, 다른 한편으로는 정보혁명 이후에 발생한 미디어 환경의 변화로 인해 오래전부터 진행되어온 과정이라고 할 수 있습니다. 그렇다면 이제 남은 것은 '이런 상황에서 어떻게 인문학을 계속할 것인가?' 하는 물음입니다. 과연 인문학에는 미래가 있을까요? 사실 저는 이 물음을 놓고 아주 오랫동안 생각을 해왔습니다.

기억하실 테지만 2000년대 초반에 인문학 위기론이 잠깐 떠돌다가 사라져버렸습니다. 그때 몇몇 인문학자들이 위기 극복을 위한 대안으로 '표현 인문학'이라는 것을 제안한 적이 있지요. 이미 그때 '기존의 인문학으로는 안된다', 혹은 '이제 인문학도 변해야 한다'는 의식은 있었던 겁니다. 하지만 그마저도 마땅한 대안은 아니었는지, 대안적 인문학을 찾으려는 시도도 그때 잠시 인문학계를 떠돌다 지금은 흔적도 없이 사라지고 말았습니다. 그러다보니 디지털 영상의 공세에 적절히 반격하지 못하고 인문학이 후퇴에 후퇴를 거듭하는 상황이 되어버린 거죠.

이 문제를 놓고 저는 형식과 내용 두 측면에서 고민을 하고 있습니다. 먼저 형식적인 측면에서 보자면 인문학의 위기는 결국 플랫폼의 문제라고 할 수 있습니다. 미래의 인문학은 텍스트를 넘어 사운드와 이미지와의 관계 속에서 자신을 재(再)정의해야 합니다. 한마디로 인문학이 영상문화의 공세 속에서 살아남으려면 자신을 일종의 '스크립트'(script)로 이해해야 한다는 겁니다. 라디오나 텔레비전 방송은 스크립트, 즉 대본을 사용합니다. 대개의 경우그 대본은 텍스트 그대로 실현되지 않고 이미지나 사운드로 변환됩니다. 그리고 방송이 끝나면 곧바로 휴지통 속으로 들어가죠.

물론 아직도 텍스트는 필요합니다. 흔히들 이제는 '영상적 사고'를 해야 한다고 쉽게 말하는데, 아무리 생각해도 제가 볼 때 인간은 언어로 사고하는 것 같습니다. 영상으로 사고한다는 것은 비유적 표현일 뿐, 사유는 어차피 언어적일 수밖에 없지 않을까요? 그렇다면 텍스트는 계속 존재해야 하고 또 존재할 수밖에 없죠. 다만 텍스트는 보이지 않는 영역으로 가라앉고 가시적인 표면에서는 이미지나 사운드로 나타난다는 겁니다. 실제로 제가 노회찬, 유시민 씨와 함께 진행하는 팟캐스트 '노유진의 정치카페'는 '공부하는 방송'을 표방하는데 이년 만에 누적 다운로드 1억 2천회를 돌파했습니다. 어마어마하죠. 창비에서 했던 '진중권의 문화다방'도 그 내용이 사람들에게 지속적으로 회자되고 있습니다. 이런 것도 디지털 시대에 인문학을 하는 한가지 방식일 수 있는 거죠.

새로운 인문학의 형식과 관련하여 제가 아직 실현하지 못한 것이 전자 글쓰기입니다. 현재의 전자책은 아직 인쇄된 책을 그대로 화면으로 옮기는 수준을 벗어나지 못하고 있습니다. 플랫폼이 변화했으면 그에 맞게 텍스트를 동영상과 연결한다든지 하이퍼링크를 넣는다든지 하는 다양한 형식의 실험이 이루어져야 합니다. 다만 아직은 비용도 많이 들고 기술적인 구현도 어렵기 때문에 이런 실험을 해볼 조건이 충분히 무르익지 않았을 뿐이죠. 저는 그런 시대가 빨리 오기를 기대하고 있습니다.

제가 처음에 『미학 오디세이』를 썼을 때 공부하는 사람들에게 소리 없이 많은 비난을 받았습니다. 두가지 이유에서였는데, 첫째는 아이들이나 보는 그림책처럼 이미지가 너무 많이 들어가 있다는 것이었고, 둘째는 구어체를 지향하다보니 문장이 짧고 표현이 저속하다는 것이었습니다. 심지어 '상스럽다'는 얘기까지 들었죠. 그런 형식을 취한 것에 딱히 고상한 이유가 있었던 건 아닙니다. 그저 책을 조금이라도 더 많이 팔아먹겠다는 일념에서 한 일이었죠. 그런데 그 책은 지금 이십년이 넘도록 계속 팔리고 있습니다. 그 이유가 뭘까요? 그사이에 플랫폼이 바

뀌어버렸기 때문입니다. 디지털 혁명으로 인해 문화 자체
가 텍스트, 이미지, 사운드의 결합을 토대로 삼게 된 겁니
다. 컴퓨터 자체가 아날로그 매체들 사이의 질적 차이를
지워버리는 메타 미디어이기 때문이죠. 그 결과 옛날에는
'상스럽다'고 비난을 받았던 형식이 지금은 교양서적의
표준처럼 되어버린 겁니다.

　이렇게 정보 전달의 플랫폼이 바뀌었으니 인문학 역
시 이제는 텍스트를 넘어 사운드와 이미지와의 관계 속에
서 자신을 다시 규정하는 고민을 해야 한다는 겁니다. 가
령『미학 오디세이』를 전자책 버전으로 업그레이드하는
상황을 생각해보세요. 에셔(M. C. Escher)의 그림이 만들
어지는 과정을 3차원 입체영상으로 보여주고, 바흐(J. S.
Bach)의 '무한히 상승하는 카논'을 이미지와 사운드로 재
현하여 동영상으로 재생할 수 있다면? 꿈과 같은 일이죠.
그런 유형의 글쓰기에는 아마 완전히 다른 재능이 필요할
겁니다.

　두번째는 내용적인 측면입니다. 인문학을 둘러싼 환

경이 총체적으로 변했습니다. 그런데도 여전히 인문학자들은 과거의 좋았던 시절을 추억하고 있는 것 같습니다. 그 시절에는 학생들에게 700쪽짜리 셰익스피어 전집을 읽으라고 권할 수가 있었죠. 하지만 요즘 학생들에게 그건 무리한 요구죠. 누가 그런 걸 읽겠습니까? 요즘 학생들은 셰익스피어의 희곡이나 발자끄의 소설을 읽는 것이 아니라 온라인 게임을 하면서 서사에 대한 감각을 익힙니다. 또 다빈치의 회화를 보고 미감을 익히는 것이 아니라 스마트폰의 디자인을 보고 디자인 감각을 느낍니다. 말라르메의 시를 읽고 시정에 잠기는 것이 아니라 '자본주의의 음유시인'인 광고의 카피를 보면서 시적 감동을 느낍니다. 그들에게 아무리 인문학 이론을 들려줘봤자 잘 이해하지 못합니다. 거기에는 별로 관심이 없거든요.

그런데 똑같은 인문학 얘기라도, 예컨대 1인칭 화자 시점과 3인칭 관찰자 시점, 혹은 전지적 작가 시점과 같은 지루한 얘기라도 컴퓨터 게임을 예를 들어 설명하면 다 알아듣습니다. 자기들이 평소에 하는 체험을 이해의 레퍼

런스로 동원할 수 있으니까요. 조형 감각이나 시적 감성에 관한 문제도 그들이 일상적으로 접하는 디지털 생활세계와 관련지어 접근하면 되는데, 현재의 인문학자들은 그런 접근을 위한 준비가 거의 되어 있지 않습니다. 그러면서 이 변화한 매체환경을 말세의 징후로 느끼는 경향이 있습니다. '요즘 애들은 도통 책을 안 읽어. 애들이 무식해졌어. 말세야.' 그러고는 속으로 굳게 다짐을 하죠. '세계가 썩어 문드러지더라도 나 홀로 고고하게 때 묻지 않은 순수한 진리, 이 신성한 인문학의 진리를 수호하리라.' 마치 중세의 수도승처럼 대학이라는 수도원에서 도를 닦는 거죠. 이것은 제가 지어낸 얘기가 아니라 이미 빌렘 플루세르가 오래전에 실제로 한 예언입니다. '디지털 시대에 순수 인문학을 고집하는 사람들의 집단은 일종의 수도원이 될 것이다.'

디지털이라는 새로운 기술이 우리의 생활세계를 완전히 바꾸어놓았습니다. 그것은 곧 인문학에서 다뤄야 할 주제 역시 과거와 완전히 달라졌다는 것을 의미하죠. 이제 우리는 인문학의 주제를 우리의 이 변화한 현실에서 찾아야 합니다. 항상 그래왔습니다. 인간은 어떤 시대, 어떤 환경에서 살든지 늘 세계의 의미를 알고 싶어합니다. 아니, 그 이전에 자기 삶의 의미를 알고 싶어합니다. 눈앞에서 벌어지는 현상들의 의미를 이해하고, 그 속에서 살아가는 자기 삶의 의미를 탐색하려 하죠. 그런데 문제는 지금의 인문학이 이 디지털 시대에 새로이 제기되는 인문학적 물음에 대답할 준비가 되어 있지 않다는 겁니다.

물론 고전에 대한 연구는 중요하고 앞으로도 계속 필요합니다. '고전'이라는 말 자체가 영원한 효용성이 검증된 정보들의 집합을 가리키니까요. 하지만 다른 한편으로는 고전문헌학을 화석화할 것이 아니라, 고전을 공부하는 것이 과거와는 완전히 달라진 이 현실에서 어떤 의미와 가치를 가질 수 있는지 가르쳐야 합니다. 그러지 못하니 학생들이 수업시간에 하품을 하다 자거나, 아니면 스마트폰을 꺼내 들여다보며 그 지루한 고통의 시간을 견디는 겁니다.

디지털이라는 새로운 기술이 우리의 생활세계를 완전히 바꾸어놓았습니다.
그것은 곧 인문학에서 다뤄야 할 주제 역시 과거와 완전히 달라졌다는 것을 의미하죠.

이제 생각을 바꿔야 합니다. 가령 교수가 수업시간에 휴대전화를 끄라고 할 것이 아니라 수업 시작할 테니 휴대전화를 켜라고 말하는 상황도 상상할 수 있어야 합니다. 새로운 인문학은 현대의 문화가 과거처럼 텍스트가 아니라 사운드와 이미지 위에 서 있다는 점을 인정하고 새로운 세대가 들어 사는 생활세계, 즉 디지털 생활세계에서 제기되는 새로운 물음들을 찾아내어 그것에 적극적으로 대답할 준비를 갖춰야 합니다.

디지털
시대의
인문학

　이제 디지털 시대의 새로운 인문학의 '내용'에 대해 좀더 구체적으로 살펴보기로 하죠.

　'미디어'라는 말이 있습니다. 미디어에 대한 좁고 넓은 여러가지 정의가 존재하지만, 여기서 미디어라는 개념의 엄밀한 정의를 시도하지는 않겠습니다. 그저 '인간과 자연, 인간과 인간을 매개하는 수단'으로 정의하고 넘어가기로 하죠. 사물인터넷(IoT)의 시대가 열렸으니, 필요하면 '기계와 기계를 매개하는'이라는 표현을 보탤 수도 있겠지요. 하지만 여기서는 정의를 거기까지 확장하지는 않겠습니다.

　미디어의 첫번째 정의는 '인간과 세계를 매개하는 도

구'라는 것입니다. 예컨대 제 고양이 루비는 똥을 싼 다음에 발로 모래를 파서 덮어놓죠. 아무 매개 없이 자연과 직접 접촉합니다. 반면 인간이라면 땅을 팔 때 삽을 사용할 겁니다. 자신과 자연 사이에 도구를 끼워넣는 거죠. 이것이 미디어의 첫번째 정의입니다. 흔히 인간과 미디어는 공진화한다고 하죠. 새로운 미디어는 그것이 매개하는 두 항, 즉 세계를 바꾸고 또한 인간을 바꿉니다.

다른 한편, 미디어는 인간과 인간을 매개합니다. 이것이 미디어의 두번째 정의죠. 예를 들어 지금 듣고 계신 제 말도 미디어입니다. 미디어가 변하면 당연히 인간과 인간이 관계를 맺는 방식도 변합니다. 지금 우리 앞에 놓인 미디어는 디지털입니다. 디지털이 이십년 만에 사회를 이렇게 바꿔놓을 거라고 누가 예상을 했겠습니까?

이 미디어의 정의에서 새로운 인문학이 다뤄야 할 주제가 얻어집니다. 대중들이 궁금해하는 것은 '이 디지털 세계가 무엇을 의미하느냐'입니다. 모든 테크놀로지는 세계 자체에 변혁을 가져오지요. 한마디로 그것은 현실

(reality)의 정의 자체를 바꾸어놓습니다. 여기서 자연스레 '디지털 테크놀로지와 더불어 현실의 본질이 어떻게 달라졌는가?' 하는 물음이 떠오르지요. 이 물음에 대답할 디지털의 '존재론'(ontology), 이것이 새로운 인문학의 첫번째 주제입니다.

둘째, 디지털 시대의 인간은 과거와 어떻게 다를까요? 시대마다 바람직한 인간상은 달라집니다. 예를 들어 중세 때는 단순무식하고 과격한 전사형 인간이 바람직한 인간형이었죠. 개인적 갈등은 결투로 해결하고 집단적 갈등은 전쟁으로 해결하던 시대였으니까요. 반면 중세적 인간은 풍부한 감정생활을 즐겼다고 합니다. 기쁠 때는 한껏 기쁘다가 슬퍼할 때는 역시 한껏 슬퍼하며 짧은 시간 안에 조증과 울증을 오가곤 했다고 하죠. 한마디로 인성의 안정성이 없었다는 얘기입니다. 이런 외향적 인간이 감정을 통제할 줄 아는 내성적 인간으로 바뀌는 계기가 된 것이 바로 문자문화의 확산입니다. 그에 힘입어 중세의 감성적 존재들이 근대의 이성적 존재로 변모할 수 있었던 겁니다.

문자문화란 결국 정보를 문자숫자 코드(alpha-numeric code)로 저장·가공·전달하는 문화입니다. 흔히 아는 것이 힘이라고 하지요. 표현을 바꾸면 지식이 곧 권력이라는 얘기가 됩니다. 이것이 바로 푸꼬(M. Foucault)가 말한 지식권력(savoir-pouvoir)입니다. 권력을 잡으려면 지식이 있어야 하고, 지식을 가지려면 지식을 저장·가공·전달하는 매체를 지배할 줄 알아야 합니다. 그게 바로 문자숫자 코드죠. 그래서 과거에는 국어·영어·수학의 중요성을 강조했던 것입니다.

하지만 디지털 시대에 중요한 것은 '이미 있는 것을 연구'하는 능력이 아니라 '아직 없는 것을 표상'하는 능력입니다. 즉, 상상력이 더 중요해진 거죠. 예를 들어 스티브 잡스(Steve Jobs)가 프로그램을 직접 코딩했나요? 아니죠. 그는 상상만 하고 코딩하는 작업은 아래로 내려보냈을 겁니다. 사실 애플사의 제품에 적용된 기술들 중에 스티브 잡스가 직접 개발한 것이 있던가요? 아니죠. 그가 한 것이라곤 그저 남들이 만들어놓은 걸 새로운 배열로 조합한 것뿐입니다.

생각해보세요. 과거에는 속셈 잘하면 똑똑하다는 소리 들었죠? 그런데 요즘 속셈 잘하면 미련하다는 소릴 듣습니다. 그런 건 계산기한테 맡겨도 되니까요. 계산 작업은 계산기에 맡겨놓고 인간은 그 계산기의 프로그래머로 진화해갔죠. 여기서 한걸음 더 나아가, 이제 중요한 것은 기술적 의미의 프로그래밍 자체가 아니라 무엇을 프로그래밍할지 떠올리는 능력입니다. 이렇게 디지털 시대에는 과거와 전혀 다른 인간형이 요구됩니다. 그것을 연구하는 것이 새로운 인문학의 두번째 주제, 즉 디지털의 '인간학'(anthropology)입니다.

셋째, 디지털 테크놀로지는 사회를 어떻게 바꾸어놓고 있을까요? 이미 앞에서 기술과 더불어 인간과 인간이 관계를 맺는 방식도 달라진다고 말씀드렸죠. 사실 휴대전화 하나로 인간의 삶이 완전히 변화했습니다. 저는 원래는 휴대전화 없이 지내려고 했습니다. 인간이 24시간 도달

가능하다는 것이 끔찍하잖아요. 한동안 그렇게 지냈는데, 언젠가 지하철역에 갔더니 휴대전화를 공짜로 준다는 겁니다. "에이, 나중에 돈 받으려고 그러죠?" 그랬더니 아니랍니다. 진짜로 공짜래요. 주민등록증만 보여달랍니다. 주민등록증이 없다고 했더니 주민번호만 달라고 하더군요. 그래서 주민번호를 적으니 바로 휴대전화를 주더라고요.

그렇게 휴대전화를 갖게 되면서 문제가 시작됐습니다. 우리는 흔히 내가 주인이고 휴대전화는 도구에 불과하다고 생각합니다. 이것이 이른바 근대의 도구주의적 (instrumentalist) 관점입니다. 그런데 그게 아니거든요. 휴대전화를 사용하기 시작하는 순간, 마치 거미줄에 걸린 곤충처럼 우리는 휴대전화들로 연결된 거대한 망 속에 갇혀서 다시는 빠져나오지 못하는 겁니다. 인간관계가 다 달라집니다. 기술 덕분에 옛날에는 할 수 없었던 일을 할 수 있게 됐지만, 그 덕분에 과거라면 하지 않아도 되었을 일까지 해야 하는 상황이 생깁니다.

요즘 젊은이들은 함께 모여서도 각자 휴대전화를 들

여다봅니다. 과거에도 그랬습니다. 텔레비전이 들어오면서부터 가족들은 식사를 하며 서로 눈을 마주치는 대신함께 텔레비전을 보게 됐죠. 텔레비전이 끝없이 화제를공급하다보니, 이젠 텔레비전이 없으면 아예 가족 생활이불가능할 정도가 되었습니다. 스마트폰은 그 자체가 영상매체인지라, 요즘은 가족이 함께 텔레비전을 보기보다 각자가 휴대전화를 들여다보고 있을지도 모르죠.

이런 식으로 매체로 인해 변화한 사회의 이론을 새로구성하는 것이 앞으로 인문학의 중요한 과제가 될 것입니다. 전통적 인간관계를 급진적으로 바꾸어놓은 것이 1990년대에는 인터넷이었고, 그로부터 십년이 지난 2000년대에는 휴대전화였다면, 앞으로 십년 후에는 또 다른 플랫폼이 등장하여 인간들 사이의 관계를 급진적으로 바꾸어놓을지도 모릅니다. 과연 그게 뭘까요?

미디어적 전회,
인문학의
패러다임 변환

이제는 제가 인문학적 주제에 미디어의 관점에서 접근하고 있다는 점을 눈치채셨을 겁니다. 이른바 '미디어적 전회'(medial turn)라고 하지요. 토머스 쿤(Thomas Kuhn)이 말한 '패러다임의 전환'은 과학에만 있었던 게 아닙니다. 실은 인문학에도 오래전부터 수차례 패러다임의 전회가 있었지요.

예를 들어 고대철학의 패러다임은 존재론이었습니다. 예를 들어 '세계의 본질은 무엇인가?'라는 질문에 탈레스는 '물이다', 헤라클레이토스는 '불이다', 엠페도클레스는 '물·불··공기·흙의 4원소다', 플라톤은 '이데아다', 데모크리토스는 '원자다' 하고 각자 다른 답변을 제시했다고 배웠던 것을 기억하실 겁니다. 중세에도 마찬가지였습니다. 중세 때 고대의 존재론에 해당하는 것은 신학이었습니다. 세상의 모든 것이 신에게서 나왔다고 믿었으니 세계의 본질에 대한 질문이 곧 신에 대한 질문으로 이해되었던 거죠. 중세의 신학은 물론 고대인들이 설정했던 것과는 완전히 성격이 다른 문제제기 위에 서 있었지만, 그 역시 일종의 존재론적 탐구로 규정할 수 있을 겁니다.

그러다 근대에 들어 '인식론적 전회'(epistemological turn)가 일어납니다. 세계의 본질을 직접 묻는 대신 세계의 인식에 사용되는 정신과 의식의 본질부터 묻기 시작한 거죠. 당시에 즐겨 쓰던 비유대로, 인간의 정신이 '세계를 비추는 거울'이라면 세계를 제대로 알기 위해서는 먼저 이 거울 자체가 똑바로 되어 있는지, 행여 굽어 있는 것은 아닌지부터 점검해야 하기 때문입니다.

어쩌면 이것이 인류 최초의 매체이론인지도 모릅니다. 당시에 인간의 정신은 기관(organon), 즉 세계를 파악하는 데 사용되는 매체로 여겨졌으니까요. 인식의 매체로서의 정신과 의식의 철학, 이게 근대철학입니다. 그 결과 근대철학은 의식을 가지고 의식 안을 들여다보는 반성철학 혹은 내성철학의 특성을 띱니다.

아시다시피 여기에서 서로 다른 두 노선이 탄생합니다. 먼저 대륙의 철학자들은 의식 안에서 사람이 태어날 때부터 갖고 있는 이른바 '생득관념'을 발견합니다. 수학이나 기하학의 공리 같은 것이죠. 이것들로부터 정리와 명제를 연역하여 수학이나 기하학처럼 명증한 지식의 체계를 구축하려 한 것이 바로 합리주의 철학입니다. 반면 영국의 철학자들은 의식 안에서 아무것도 발견하지 못했죠. 인간의 의식은 태어나는 순간에는 '빈 서판'(tabula rasa), 즉 백지상태라는 겁니다. 그렇다면 인간의 지식은 밖에서 들어온 것일 수밖에 없겠다, 그게 바로 경험주의 철학입니다. 이런 식으로 근대철학자들은 세계를 알기 위해 먼저 정신과 의식부터 점검하고 들어갔습니다. 세계가 의식에 주어지는 것이라면, 세계를 알려면 의식부터 알아야 한다는 것이죠. 이게 근대철학의 패러다임입니다.

그러다가 20세기 들어오면서 무슨 일이 일어나나요? 이른바 '언어학적 전회'(linguistic turn)가 일어납니다. 이 전회의 계기가 된 것은 의식 자체가 언어적으로 구조화되어 있다는 인식입니다.

철학자 비트겐슈타인(L. Wittgenstein)이 자신의 책에서 소개한 일화가 있습니다. 프랑스 사람들이 자국 언어에 대한 자부심이 강하잖아요. 어느 프랑스 신사가 곰곰이 고민을 해보았답니다. '세계의 다른 언어들과 우리 프랑스어의 본질적인 차이가 무엇일까?' 고민 끝에 신사는 이런 결론에 도달했답니다. '우리 아름다운 프랑스어와 세계 잡(雜) 언어들 사이의 본질적 차이는, 우리 프랑스어는 신의 은총으로 인해 어순이 인간이 사유하는 순서대로 배치된다는 것이다.' 우습죠? 이건 너무 당연한 얘기죠. 인간은 언어로 사유하니까요. 그러다보니 어순이 생각의 순서대로 배열될 수밖에요. 더 정확히 말하면 생각이 언어의 순서대로 배열되는 거죠. 따라서 어순이 다르면 생각의 순서도 다를 수밖에 없습니다.

인간은 언어로 사유합니다. 따라서 사유는 언어로 구조화됩니다. 그러니까 세계에 의식이 주어지고, 그 의식이 언어로 구조화되는 것이라면, 세계를 알기 위해서는 언어부터 알아야 한다는 거죠. 이런 인식에서 탄생한 것이 언어철학입니다. 하이데거(M. Heidegger)는 "언어는 존재의 집"이라고 했고, 비트겐슈타인은 "내 세계의 한계는 내 언어의 한계"라고 했지요. 20세기 후반을 지배했던 기호학 운동을 생각해보세요. 이 운동은 회화, 음악, 영화, 문학, 문화, 친족관계 등 모든 사회적 현상이 기호적으로, 즉 언어적으로 구조화되어 있다는 믿음에서 출발했습니다. 그런 의미에서 기호학 운동 역시 20세기를 지배한 언어학적 패러다임의 변주였다고 할 수 있습니다.

21세기에 들어와 인문학에서는 또 한번의 패러다임 전회가 일어납니다. 세계가 의식에 주어지거나 언어로 구조화되기보다는 미디어에 의해 만들어진다는 의식이 발생한 거죠. 이를 '미디어적 전회'(medial turn)라 합니다. 전회를 일으킨 그 미디어가 주로 영상매체라는 점에서 이를

'도상적 전회'(iconic turn)라 부르는 사람도 있습니다. 사실 어떤 매체에 실리느냐에 따라 언어도 성격이 판이하게 달라집니다. 언어를 전달하는 매체로는 크게 '말'과 '글'이 있는데, 언어를 전달한다는 점에서는 같지만 말과 글은 성격이 서로 다릅니다.

이를 보여주는 연구가 있습니다. 러시아의 저명한 학자 알렉산드르 루리야(Aleksandr Luriya)라는 사람의 연구인데, 그는 1917년 볼셰비끼 혁명 직후에 러시아의 농촌 공동체에 들어가 필드워크를 했습니다. 당시 러시아 농촌에는 문자를 한번도 접해보지 못한 공동체들이 많았다고 합니다. 그 공동체의 성원들을 인터뷰한 결과, 루리야는 이 사람들의 사고방식이 문자를 쓸 줄 아는 사람들과 완전히 다르다는 사실을 발견합니다. 예를 들어 망치, 톱, 손도끼 등을 보여주면 우리는 곧바로 '연장'이라고 대답할 수 있습니다. 이를 '추상'이라 부르지요. 하지만 그들은 이와는 사뭇 다르게 대답했다고 합니다. "톱은 나무를 썰고, 손도끼는 통나무를 가르죠. 굳이 내게 어느 쪽을 버리라고 하면 손도끼가 될까? 톱은 여러 일을 할 수가 있으니까." 한마디로 그들에게는 추상 능력이 발달되어 있지 않다는 얘기죠.

그리고 제가 여러분에게 "모든 사람은 죽는다. 소크라테스는 사람이다"라고 말하면, 여러분은 곧바로 "소크라테스는 죽는다"라고 대답하실 겁니다. 이른바 삼단논법이죠. 그런데 그 공동체 사람들의 반응은 달랐답니다. "북극 지방에 사는 곰은 모두 색깔이 하얗습니다. 노바야제믈랴 지방은 북극 지방에 속합니다. 그럼 노바야제믈랴 지방에 사는 곰은 무슨 색깔일까요?" 이 물음에 그 사람들은 머리를 긁적이면서 "글쎄요, 제가 하얀 곰은 한번도 본 적이 없어서……"라고 대답하더라는 겁니다. 한마디로 우리가 당연히 여기는 '추론'의 능력 역시 자연적 능력이 아니라는 얘기죠.

또 우리에게는 자기반성 능력, 즉 자기 자신을 객관적으로 묘사하는 능력이 있습니다. 그런데 그들에게 "당신은 자신을 어떻게 평가하십니까?"라고 물으면, 그 사람들은 "우리는 잘하고 있습니다!"라며 벌컥 화를 냈답니다. 아니면 민망하게 씩 웃으면서 "그걸 왜 저한테 물어보세요. 옆 사람한테 물어보지"라고 하든지요. 결국 우리의 자기반성 능력이란 것도 문자문화의 산물이라는 얘기가 됩니다. 즉, 근대 내성철학, 반성철학이 일반 대중에게까지 확산된 결과라는 얘기죠.

결국 같은 '언어'라 하더라도 어떤 매체로 표현되느냐에 따라 사용자들 사이에 상이한 의식을 낳는다는 겁니다. 의식이 언어로 구조화된다고 하지만, 그 언어가 또한 어떤 매체로 표현되느냐에 따라 의식이 전혀 다르게 구조화될 수도 있다는 얘깁니다. 이는 의식의 매체 결정성을 보여주는 사례라 할 수 있습니다.

지금까지 말씀드린 것을 정리해보죠. 옛날에는 세계가 의식에 주어진다고 믿었는데, 그 의식은 언어로 구조화되고, 그 언어도 결국 매체에 따라 상이한 효과를 낸다는 겁니다. 그렇다면 결국 세계를 알기 위해서는 매체를 알아야 한다는 거죠. 바로 이런 인식에서 21세기에 들어와, 아니 이미 20세기 후반부터 미디어적 전회라는 것이 일어납니다.

최근에 독일의 미디어 이론가 프리드리히 키틀러(Friedrich Kittler)의 『기록 시스템 1800·1900』이라는 책이 우리나라에 번역, 소개되었습니다. 인문학에서 미디어적 전회를 가져온 사람 중 하나입니다.

인문학 분야에서 저의 작업 역시 이 미디어적 전회 안에서 이루어지고 있다고 말씀드릴 수 있습니다. 제가 하는 인문학의 세가지 주제도 그 프레임 안에서 얻어지죠. (1) 디지털의 존재론(ontology), 즉 디지털 테크놀로지가 현실의 개념을 어떻게 바꿔놓고 있는가? (2) 디지털의 인간학(anthropology), 즉 디지털 혁명 이후 사회의 이상적 인간형이 어떻게 변화하고 있는가? (3) 디지털의 사회학(sociology), 즉 디지털 테크놀로지가 인간이 협업하고 소통하는 방식을 어떻게 바꿔놓고 있는가? 바로 이 세가지 문제영역이 제가 현재 중점적으로 관심을 가지고 지켜보는 주제들입니다.

최근에 발표한 『미디어 이론』에서는 주로 인문학에서 일어난 패러다임의 전환을 다루었습니다. 그보다 앞서 발표한 『이미지 인문학』에서는 디지털의 존재론과 인간학을 다루었지요. 이 책은 이후에 이루어질 본격적인 작업의 서론에 해당한다고 할 수 있습니다. 거기서 조금만 더 깊이 들어가면 곧바로 인공지능과 철학의 문제, 정신분석학과 뇌과학의 관계 문제 등등 인문학의 접근을 기다리는 수많은 연구영역들이 나타나지요.

제가 아직 건드리지 못한 것은 디지털의 사회학입니다. 이는 디지털 테크놀로지의 도입 이후 사회에서 벌어지는 여러 변동들을 인문학적 프레임으로 설명하는 시도라 할 수 있습니다. 현재 이 영역은 저술에 앞서 강연을 통해 부분적으로 건드리는 중입니다. 게임과 경제의 관련, 자본주의적 생산의 미학화 문제, 노동과 유희가 결합하는 경향 등등, 여기에도 흥미로운 주제가 많습니다. 어느정도 준비가 갖추어지면 본격적으로 책으로 그 내용을 풀어낼 수 있게 되겠지요.

디지털 시대의 존재론:
파타피직스

　　이제 앞에서 말씀드린 인문학의 세 주제에 대해 조금 더 자세히 말씀드리겠습니다. 사실 『이미지 인문학』에서 디지털 존재론의 핵심으로 제시한 것이 '파타피직스'(pataphysics)의 개념입니다. '파타피직스'라는 것은 원래는 지적인 농담이라고 할 수 있습니다. 농담으로서의 과학, 농담으로서의 철학이지요. '코끼리를 냉장고에 넣는 방법'이라는 농담을 아실 겁니다. 파타피직스란 한마디로 과학적·철학적·논리적 사고방식에 시적 환상으로서의 판타지를 결합한 사고방식을 가리킵니다. '문제의 시적 해결', 즉 과학으로 해결해야 할 문제를 시적 환상으로 풀어내려는 독특한 사고의 방식, 혹은 사고의 유희라고 할 수 있지요.

　이 책에서 제가 주장한 것은 디지털 테크놀로지의 힘으로 세계 자체가 파타피지컬해졌고, 인간 역시 미디어 아티스트 제프리 쇼(Jeffrey Shaw)가 말한 대로 '파타피지컬한 종(種)'으로 변하고 있다는 것이었습니다. 디지털 시대에 들어와 가상과 현실이 서로 중첩되고 있습니다. 사실 중세만 해도, 아니 심지어 르네상스와 마니에리스모 시대까지도 사람들의 의식 속에서 현실과 가상은 중첩되어 있었지요. 중세 엘리트들의 의식에서는 현실이 신학적 환상과 중첩되어 있었고, 기사들의 의식에서는 현실이 기사적 환상과 중첩되어 있었고, 민중들의 의식에서는 현실이 동화적 환상과 중첩되어 있었습니다. 마니에리스모의 화가 엘 그레꼬(El Greco)의 작품에서는 종종 한 화면 안에 현실과 환상이 공존합니다. 그때만 해도 '현실'이라는 개념이 물리적 현실과 환상의 세계를 모두 포괄하고 있었지요. 아마도 17세기 이후 합리주의적 사유가 일반화하면서 환상의 층위가 축출되어 두 겹이었던 세계가 자연과학으

엘 그레꼬의 「오르가스 백작의 매장」(1586)

로 연구해야 할 물리적 현실로 전락하게 됐을 겁니다.

오늘날 디지털 테크놀로지와 더불어 이 중첩된 현실이 다시 복귀하고 있습니다. 그 결과 세계는 한편으로는 증강현실(AR), 다른 한편으로는 가상현실(VR)이라는 두 현실이 물리적 현실과 혼재된 상태로 변해가고 있지요. 이런 세계에서는 어디까지가 가상이고 현실인지 명확히 구별하기 어려워집니다. 그에 따라 참·거짓의 구별이 의미를 잃어버리기 시작하죠. 왜냐하면 가짜(가상)인 걸 알면서도 마치 진짜를 대하듯이 행동하는 것이 파타피지컬한 태도이기 때문입니다.

지금 디지털 인터페이스가 대부분 그렇습니다. 예를 들어 비행 시뮬레이터를 생각해보죠. 그 안의 모든 것은 가짜입니다. 하지만 훈련받는 조종사는 그 안에서 마치 진짜 콕핏 안에 있는 것처럼 행동해야 하죠. 또 전자책을 넘길 때 '슥' 하고 종이 넘어가는 소리가 들리죠? 도스(DOS) 시절만 해도 인터페이스 디자인이 기계인 컴퓨터에 인간을 끼워맞추는 식으로 이루어졌습니다. 그래서 모니터 위에 대각선 하나 긋는 것도 문자숫자 코드를 입력하는 아주 복잡한 작업을 요구했지요. 하지만 지금은 방식이 뒤집어졌습니다. 오늘날 인터페이스 디자인은 외려 기계를 인간에게 적응시키는 방식으로 이루어지고 있지요. 디지털 가상을 인간이 체험하는 아날로그 현실에 끼워맞추는 겁니다. 지금은 손으로 선을 그으면 바로 화면에 선이 나타납니다.

문화부 장관을 지내신 이어령 씨가 언젠가 '디지로그'(digilog)에 대해 말씀하셨죠. 디지털 기술에 아날로그 감성을 결합해야 한다는 취지의 발언이었던 것으로 기억합니다. 그것을 좀더 일반화해보죠. 디지털 기술에 결합해야 할 것은 그저 감성만이 아니니까요. 오늘날 HCI(human-computer interaction)에서는 이렇게 디지털 가상과 아날로그 현실을 중첩시키는 것이 중요해졌습니다. 생각해보세요. 드론에 카메라를 장착하고 내 몸과 드론을 무선으로 연결해 신체로 그 드론을 조종한다고 합시다. 그리고 그 카메라로 촬영한 장면을 HMD(head-mounted display)를 통해 실시간으로 본다고 합시다. 그러면 내가 방 안에 앉아서 새처럼 하늘을 날아다니며 도시의 전경을 실시간으로 관찰할 수 있게 되지요. 이 체험은 진짜일까요, 아니면 가짜일까요?

요즘 젊은 세대들은 파타피지컬한 인터페이스와 더불어 자라왔습니다. 당연히 파타피지컬한 체험에 아주 익숙하지요. 그러다보니 그들에게 어떤 것이 참이냐 거짓이냐는 그리 중요한 문제가 되지 못합니다. 그들은 자신이 지각하는 것의 진위에 대해 일종의 존재론적 에포케(epoché), 즉 판단중지를 실천합니다.

예를 들어보죠. 몇년 전 인터넷에 '교회 하다 망하면 절 하면 되고'라는 캡션과 더불어 사진이 하나 올라온 적이 있습니다. 다들 보셨을 겁니다. 교회의 뾰족탑 위, 십자가가 있을 자리에 절을 상징하는 만(卍) 자가 있는 겁니다. 뾰족탑의 옆면에는 글자 네 자를 떼어낸 흔적이 있더군요. '○○교회'라 적혀 있었겠지요. 그리고 그 네 글자를 떼어낸 자리에 '성불사'라는 글자를 붙여놓았습니다.

흥미로운 것은 이 포스트에 붙은 댓글들입니다. 처음에는 'ㅋㅋㅋ'가 끝없이 이어집니다. 간간이 '짱이야' '캡이야'라는 댓글이 섞여 나오고요. 그러다가 농담을 이해 못 하는 진지병 환자들이 등장하여 기독교 욕을 하기 시작하죠. '역시 개독들이란.' 그다음에 드디어 회의주의자, 의심 많은 도마가 등장합니다. '합성 참 잘하셨네요.' 그 다음에는 합성이니 아니니 싸움이 벌어집니다. 당연히 해결이 안 되죠. 그럼 현실의 레퍼런스를 댑니다. '저거 진짜 있습니다. 지하철 몇호선 타고 가다가 보면 보여요.' 그럼 바로 반론이 올라오죠. '제가 그 동네 사는데 없습니다. 구라예요.' 결론이 안 납니다. 그러다 마지막에 논의의 종결자가 등장하죠. '진짜면 어떻고 가짜면 어떠냐. 재미있으면 됐지.'

바로 이겁니다. 비록 작은 예이지만, 이는 디지털 시대의 대중은 가상도 재미만 있으면 얼마든지 현실로 받아들일 준비가 되어 있음을 보여줍니다. 한마디로 현실을 대하는 대중의 존재론적 태도 자체가 변해가고 있는 것이죠.

세계는 파타피지컬해지고, 그에 따라 인간도 이렇게 파타피지컬한 종으로 변해가고 있습니다. 이런 시대에 요구되는 것은 가상과 현실을 성공적으로 중첩시키는 것이고, 오늘날 대부분의 기술적 상상력은 바로 여기서 발휘됩니다. 사실 상상력만 있으면 그것을 기술로 실현하는 것은 큰 문제가 아닙니다. 명문대 나와서 공부 잘하는 사람들은 많거든요. 기술적으로 실현하는 과제는 그런 사람들에게 시키면 됩니다.

얼마 전에 신문을 보니 삼성에서 휘어지는 핸드폰을 개발했다고 하더군요. 이 역시 기술적 개가라고 할 수 있지요. 하지만 어떤 IT 평론가가 거기에 대해 한마디 코멘트를 했더군요. 그걸 읽고 박장대소를 했습니다. '삼성이 핸드폰을 휘기 전에 대답해야 할 물음이 있다. 핸드폰을 휘어서 도대체 무엇을 할 것인가?' 한마디로 문제는 새로운 기술을 발명하는 것이 아니라 그 기술의 용도를 발명하는 것이라는 얘기겠죠. 거기에는 아직 없는 것을 떠올리는 능력, 즉 상상력이 필요합니다. 과거에 상상은 그저 공상으로 여겨졌지만, 오늘날 그것은 기술에 힘입어 새로운 현실이 됩니다. 이렇게 상상이 현실이 되는 상황 자체도 파타피지컬한 것이지요.

이쯤에서 논의를 좀더 급진화시켜볼까요? 인터넷 초기만 해도 디지털의 본질이 물리적 원자(atom)를 가상의 비트(bit)로 옮겨놓는 데 있다는 인식이 강했습니다. 컴퓨터는 세상에 존재하는 모든 사물, 그 안에서 벌어지는 모든 현상을 미분방정식과 같은 수식으로 환원합니다. 이는 17세기 자연의 수학화 이후 계속되어온 현상이지요. 자연의 모든 것을 수식으로 표현하고, 그 수식을 아스키(ASCII) 코드에 따라서 0과 1로 분해한 후, 기계의 힘을 빌려 빛의 속도로 연산하는 것입니다.

하지만 빌렘 플루세르가 지적하듯이 컴퓨터는 그저 분해만 하는 것이 아닙니다. 그렇게 0과 1로 환원된 것들을 다시 새로운 질서로 합성하여 또다른 세계를 만들어낼 수 있습니다. 그것이 바로 '시뮬레이션'이죠. 이는 곧 원자를 비트로 바꿔놓는 것이라 할 수 있습니다. 실제로 오늘날 비행기 조종 훈련 등 실제로 하려면 많은 비용과 희생을 치러야 하는 일들은 대부분 시뮬레이션으로 대체된 상태입니다.

이렇게 인터넷 초기만 해도 '디지털'이라고 하면 떠오르는 것은 대부분 컴퓨터 시뮬레이션이었습니다. 그것이 컴퓨터 문명을 대표하는 표상이었지요. 그것의 문화적 표현이 바로 영화 「매트릭스」입니다. 그 영화를 보면 현실에 있는 사람들이 전화선을 타고 가상현실 속으로 들어가죠. 하지만 2000년을 지나면서 여기에 변화가 일어나기 시작합니다. 1990년대만 해도 디지털이라고 하면 곧바로 가상현실(VR)을 떠올렸지만, 2000년을 즈음하여 증강현실(AR) 기술이 무서운 속도로 우리의 생활세계에 침투하기 시작합니다.

그 원인은 기술의 발달로 컴퓨터의 크기가 점점 작아진 데 있습니다. 1950~60년대만 해도 컴퓨터는 방 안을 가득 채울 만큼 컸지만, 1970년대에는 책상 위에 올려놓을 만큼 작아집니다. 이른바 데스크톱이죠. 그러다가 더 작아져 휴대하고 다니며 무릎 위에 올려놓을 수 있는 크기로 줄어들죠. 그것이 랩톱, 즉 노트북입니다. 그러다 오늘날 컴퓨터는 손바닥 위에 올려놓을 만한 크기로 줄어들었습니다. 그것이 바로 팜톱, 즉 여러분들이 들고 다니는 스마트폰입니다. 과거에는 '가상'에 접속하려면 일단 하드웨어가 있는 곳으로 가야 했습니다. CAVE(cave automatic virtual environment)와 같은 거창한 몰입장치는 아니라 하더라도 하다못해 컴퓨터가 있는 PC방으로라도 가야 했습니다. 하지만 증강현실은 다릅니다. 그것은 언제 어디서라도 디지털 가상을 자신이 있는 곳으로 불러옵니다. 다시 말해 자기가 있는 현실 위에 디지털 가상을 중첩시키는 기술이라 할 수 있지요.

이렇게 2000년 이후 아톰이 비트로 들어가는 것이 아니라 거꾸로 비트가 아톰의 세계로 나오는 반대의 운동이 시작됩니다. 물론 물리적 세계로 튀어나온 그것은 아직은 대부분 비트의 형태를 취하고 있습니다. 예를 들어 차량 내비게이션의 지도를 생각해보세요. 하지만 컴퓨터에서

영화 「매트릭스」의 한 장면.

나온 비트가 글자 그대로 원자의 형태, 즉 물리적 사물의 형태를 취할 수도 있겠지요.

그런 흐름을 대표하는 것이 바로 3D 프린팅입니다. 비트맵을 물리적 원자의 형태로 뽑아내는 거죠. 물론 현재의 3D 프린팅은 여전히 아날로그적입니다. 하지만 MIT 연구소의 닐 거셴펠트(Neil Gershenfeld) 교수는 3D 프린팅의 완전한 디지털 구현을 위해 연구하고 있습니다. 이분은 진정한 디지털 3D 출력이라면 '프린팅'(printing)이 아니라 '어셈블링'(assembling)이어야 한다고 주장하죠. 현재의 프린팅 방식으로는 프린팅된 것을 원재료 상태로 되돌릴 수 없습니다. 이는 진정한 의미의 디지털 방식이 아니라는 겁니다. 진정한 디지털 출력이라면 마치 레고 블록처럼 합성된 것을 다시 원재료로 되돌릴 수 있어야 한다는 거죠. 그러려면 사실 2D 출력인 '프린팅'이 아닌 3D의 '어셈블링'이어야 한다는 것입니다.

그래서 MIT의 연구소에서는 밀리미터, 마이크로미터, 나노미터 등 다양한 단위의 재료를 조립해서 진짜 사물을 만들어내는 기술을 개발하고 있다고 합니다. 가끔 뉴스에 3D 프린팅으로 총을 만들었다는 소식이 올라오죠? 실제로 발사는 될지 몰라도 그건 진짜 총이 아닐 겁니다. 소재가 약하니 아마 몇번 쏘면 망가지고 말겠죠. 그것은 총의 '재현'이지 실제 총이 아니거든요. 거셴펠트 교수는 진정한 의미의 디지털 출력은 총의 재현이 아니라 진짜 총을 뽑아내는 것이어야 한다고 주장합니다.

이렇게 아톰에서 비트로 가는 흐름은 최근 비트에서 아톰으로 가는 반대의 운동과 결합하고 있습니다. 거셴펠트 교수는 MIT 공대 전체를 일종의 컴퓨터로 생각합니다. 거기서는 아톰을 비트로 바꾸어놓는 다양한 연구를 수행하죠. 그리고 자신의 연구소는 그 컴퓨터에 딸린 프린터로 이해합니다. 그렇게 MIT라는 컴퓨터가 비트로 바꾸어놓은 것을 자신의 연구소에서 아톰으로 출력해내겠다는 야심이죠. 비트를 디지털 가상, 아톰은 물리적 현실이라 할 때, 이렇게 그 둘의 차이는 점점 사라지고 있습니다. 이 역시 파타피지컬한 현상이라 할 수 있지요.

여기서 한걸음 더 내디뎌 슬쩍 원리적인 문제로 넘어가봅시다. 얼마 전에 NASA에서 캐나다의 어느 회사로부터 양자 컴퓨터를 구입했다는 기사를 읽었습니다. 컴퓨터가 전자의 수준에 있는 한 아톰과 비트 사이에는 간극이 존재합니다. 정보의 최소단위인 1비트는 0과 1로 되어 있어, 이를 표시하는 데에는 전자 두개가 필요하거든요. 하나는 N극, 다른 하나는 S극, 두개의 전자로 정보의 최소단위인 비트를 표현하는 거죠. 반면 양자 컴퓨터에서는 그 간극이 사라집니다. 전자와 달리 양자는 하나로 N극과 S극을 동시에 표현하거든요. 글자 그대로 '비트=아톰', 즉 정보와 사물의 중첩이 이루어지는 거죠.

물론 노버트 위너(Norbert Wiener)는 '정보는 물질도, 에너지도 아니다'라고 했습니다만, 그보다는 다소 느슨한 언어를 가진 인문학에서는 화이트헤드(A. N. Whitehead)가 말한 '유비적 일반화' '상상적 일반화'를 사용하여 정보와 사물의 중첩을 얘기할 수 있겠지요. 생물학에도 비슷한 예가 있지요. 가령 생명의 정보인 RNA는 그 자체가 새로운 DNA의 구성 요소가 된다고 하지 않습니까? 이렇게 처음에는 '파타피직스'를 그냥 가벼운 농담 비슷한 것으로 생각했는데, 어쩌면 이게 디지털의 존재론과 관련하여 깊은 형이상학적 사유를 요구하는 진지한 문제일 수도 있다는 생각이 듭니다. 이른바 '슈뢰딩거의 고양이' 아시죠? 흔히 양자역학의 세계에서는 거시우주의 상식으로는 상상하기 힘든 일이 벌어진다고 하죠. 그래서 그 세계에서는 삶과 죽음이 중첩된 상태도 얼마든지 가능하다고 합니다. 그러고 보면 제가 '파타피직스'라 이름 붙인 오늘날의 디지털 세계는 이런 양자역학적 상황의 패러디인지도 모릅니다. 최근 그쪽으로 생각을 발전시키고 있습니다.

디지털의 인간학:
호모 루덴스의 귀환

이제까지 디지털 존재론에 관한 저의 생각을 말씀드렸습니다. 이어서 디지털 인간학의 문제로 넘어가겠습니다.

흔히 인간을 가리켜 호모 사피엔스(homo sapiens)라고 하지요. 물론 이성적이고 논리적인 사피엔스형 인간들은 앞으로도 계속 필요할 겁니다. 어느 시대에든 기술자는 존재해왔고, 앞으로도 그럴 테니까요. 게다가 미래는 기술의 시대이다보니 그 어느 시대보다 더 많은 기술자들이 필요할 겁니다. 하지만 디지털 시대에 이들보다 더 중요한 것이 아까 말씀드렸듯이 바로 기술적 상상력을 가진 사람들입니다. 다시 말해 '이미 있는 것'을 인식하는 것이 아니라 '아직 없는 것'을 떠올릴 줄 아는 사람들이 더 중요합니다. 하위징아(J. Huizinga)가 말한 '호모 루덴스'(homo ludens)가 복귀하는 겁니다. 중세와 르네상스 시대까지만 해도 인간은 호모 사피엔스보다 호모 루덴스에 가까웠죠. 아마도 17세기 이후 이성주의가 대두하면서 과거의 호모 루덴스가 호모 사피엔스로 바뀌어갔을 겁니다. 이 변화의 철학적 표현이 바로 데까르뜨의 합리주의였겠지요. 그러다가 다시 호모 루덴스의 시대가 도래한 것입니다.

'매직 써클'(magic circle)이라는 개념이 있습니다. 이는 마술사가 마술을 부릴 때 그 마술의 힘이 미치는 영역을 가리킵니다. 그것은 일상의 물리적 공간과 구별되는 어떤 질적 공간입니다. 이 개념은 놀이에도 적용됩니다. 실제로 게임학(game studies)에서는 이 개념을 그대로 가져다 놀이의 공간을 정의하는 데에 사용하고 있지요. 예를 들어 우리가 어린 시절에 하던 오징어 놀이를 생각해보세요. 오징어 놀이에서 깨금발을 짚고 다녀야 하는 공간이 바로 매직 써클입니다. 그 공간 밖에서 깨금발 짚고 다니면 미쳤다는 소리를 듣겠지요.

하위징아에 따르면 인간의 문화는 놀이 속에서, 놀이로서 전개된다고 하지요. 실제로 과거에는 전쟁, 정치, 노동, 사법, 철학, 예술 등이 모두 놀이의 형태를 취하고 있었습니다. 현실 위에 매직 써클이 중첩되어 있었던 셈이죠. 그러다가 그 모든 것이 놀이의 성격을 잃어버리고 오로지 진지하기만 한 활동이 되어버렸죠. 그 사이에 놀이는 아이들의 영역으로 주변화합니다. 결국 과거의 유희인(homo ludens)은 데까르뜨의 이상형인 지성인(homo sapiens), 막스 베버(Max Weber)가 말한 직업인(Berufsmensch)을 거쳐 그 둘이 합류하는 곳에서 경제인(homo economicus)으로 변모해갑니다. 그게 오늘날 우리의 모습이죠.

옛날 우리 조상들이 모내기하는 장면을 떠올려봅시다. 그때 노동에는 춤과 노래가 동반되었죠. 노동이 놀이와 공존했습니다. 하지만 지금 공장 노동자들을 생각해보세요. 공장 안에서 모든 동작은 생산에 최적화됩니다. 그 극단적 형태가 바로 테일러 시스템이지요. 노동자의 동작을 연속사진으로 찍어 그중에서 불필요한 요소를 배제하여 최적의 동작을 구한 후 이를 표준화하여 모든 노동자의 신체에 새기는 겁니다. 거기에 포드 시스템까지 들어옵니다. 작업과정을 분할하여 개별 노동자는 전체 작업의 극히 일부분만 반복적으로 수행하게 되죠. 극단적인 경우 노동자는 자기가 만드는 것이 무엇의 어떤 부분이 될지도 모르는 채 일할 수도 있습니다. 과거의 대장장이를 생각해보세요. 전체 과정을 자신이 관할했기에 비록 일은 힘들더라도 성취감의 형태로 자기 일에서 재미를 느낄 수 있었습니다. 하지만 현대의 노동자들은 자신의 노동에서 그런 재미를 느끼지 못합니다. 찰리 채플린의 「모던 타임스」 보셨지요? 거기서 채플린은 하루 종일 동일한 동작만 기계적으로 반복합니다. 거기에 유희의 요소란 전혀 존재하지 않습니다.

결국 문명화·이성화·산업화의 과정에서 과거의 유희

영화 「모던 타임스」의 한 장면.

인이 오로지 축적욕이라는 욕망의 엔진에 의해 움직이는 이해타산적인 차가운 인간, 이른바 호모 에코노미쿠스로 전락한 겁니다. 그 결과 우리는 어느새 놀 줄 모르는 인간이 되어버렸습니다. 왜 그랬을까요? 사실 합리화의 관점에서 보면 놀이는 아무짝에도 쓸데가 없는 것이지요. 그저 시간과 비용만 잡아먹는 활동이니까요.

멀리 갈 것 없이 우리 한국의 예를 들어봅시다. 학창 시절에 우리는 거의 전적으로 국어·영어·수학에 매달렸습니다. 인간의 능력 중 오로지 이성을 계발하는 데에 집중하는 거죠. 공부를 해야 할 시간에 논다는 것은 거의 죄악으로 여겨졌습니다. 지금도 마찬가지죠. 컴퓨터 게임을 마약과 함께 중독물질로 묶어서 규제하려 들지 않습니까? 그러다가 졸업하면 이제 '직업인'이 됩니다. 특히 일본이나 한국의 노동자는 가정생활까지 포기한 채 이른바 '회사인'이 될 것을 강요받지요. 그 회사인의 이상이 이른바 '삼성맨'이죠. 우리는 왜 이렇게 사는 걸까요? 그것은 우리 모두가 오로지 재산을 축적하는 데에서만 진정한 희

열을 느끼는 '경제인'이 되었기 때문입니다. 가령 연휴 기간에 회사에서 일당의 두배를 줄 테니 나와서 일하라고 하면 여러분은 어떻게 하시겠습니까? 아마 대답은 분명할 겁니다.

그런데 이런 상황에서 제가 왜 다시 호모 루덴스 얘기를 꺼냈을까요? 그것은 오늘날 디지털 테크놀로지의 힘으로 이 오래전의 인간형이 부활하고 있기 때문입니다. 하위징아는 놀이의 측면이 사라진 현대의 문명을 한탄하며 언젠가 호모 루덴스가 복귀하기를 '희망'했습니다. 그것은 그저 막연한 희망에 불과했을 뿐, 그도 디지털 시대에 다시 유희형 인간이 복귀하리라고는 예상하지 못했을 겁니다.

오늘날 호모 루덴스가 복귀하는 데에는 당연히 원인이 있습니다. 그 원인은 바로 디지털 테크놀로지와 더불어 자본주의의 성격 자체가 변하고 있다는 것입니다. 아까 앞에서 오늘날 HCI 디자인의 원리가 현실에 가상을 중첩시키는 데에 있다고 했지요? 그 가상도 일종의 '매직 써클'이라 할 수 있습니다. 디지털 테크놀로지를 이용해 현실에 매직 써클을 중첩시키는 것이 오늘날 인터페이스 디자인의 중요한 과제라 할 때, 그 일을 할 수 있는 사람은 결국 잘 놀 줄 아는 사람일 수밖에 없다는 겁니다.

오늘날 놀 줄 아는 사람이 요구되는 것은 방금 말씀드린 것처럼 그사이에 자본주의의 성격 자체가 변했기 때문입니다. 산업혁명으로 시작하여 20세기 초반까지 지속되었던 자본주의는 어디까지나 '생산자본주의'였습니다. 하지만 1950년대 이후 자본주의는 급속히 소비자본주의로 모습을 바꿔갑니다. 과거의 혁명적 프롤레타리아트가 마트에서 카트를 끄는 소비자 대중이 되어버린 거죠. 사회주의는 1980년대에 몰락하지만, 사실 사회주의 이념의 퇴조는 이미 오래전에 시작된 것이었습니다.

이 소비자본주의가 디지털 테크놀로지를 만나 '기호자본주의'(semio-capitalism), '미적 자본주의'(aesthetic capitalism), '유희자본주의'(ludo-capitalism)의 형태로 전개됩니다. 이들 자본주의 유형은 모두 물리적 대상으로서의 상품 위에 매직 써클을 중첩시킨다는 공통점이 있습니다. 그 써클은 '기호'의 층위일 수도 있고, '놀이'의 측면일 수도 있고, '미적 가치'와 같은 속성일 수도 있습니다.

먼저 기호자본주의를 예로 들어보지요. 전통적인 경제학 이론에 따르면 상품의 가격은 수요·공급에 따라 결정됩니다. 거기에 따르면 물건은 값이 쌀수록 많이 팔리고 비싸면 덜 팔려야 합니다. 그런데 서울의 강남에서는 물건의 값이 싸면 외려 잘 안 팔린다고 하지요? 가령 명품 가방을 5백만원에 내놓으면 안 팔리다가도 2천만원에 내놓으면 잘 팔린다는 겁니다. 왜 그럴까요? 5백만원이라면 월급쟁이들도 큰맘 먹으면 카드 할부로 살 수 있는 금액입니다. 한 2천쯤 해야 그런 '잡것들'(?)이 감히 구입할 꿈도 못 꾸게 되는 거죠. 쉽게 말하면 강남의 부유층은 상품을 사용가치가 아니라 신분을 과시하는 기호로 소비하고 있는 겁니다. 물론 그 정도는 아니지만 이런 습성은 여러분에게도 다소간 있을 겁니다. 재산을 과시하기 위해서는 아니더라도, 취향을 과시하기 위해 소비하는 경향이 있는 것이지요. 이것이 기호자본주의입니다.

기호자본주의는 자연스레 미적 자본주의로 이어집니다. 오늘날 기호의 기능을 하는 것은 사용가치가 아니라 제품의 디자인이거든요. 사실 한국과 중국의 기술 격차는 불과 몇개월밖에 안 됩니다. 그보다 더 큰 것이 바로 디자인 수준의 차이죠. 예를 들어 여러분은 휴대전화를 살 때 기능만 보지 않죠? 사실 제가 쓰는 2G 슬라이드 폰도 기능은 완벽합니다. 팔년째 쓰는데도 기능에 아무 문제 없습니다. 다만 들고 다니기 민망할 뿐입니다. 하지만 하도 오래 들고 다녔더니 요즘은 외려 주위에서 희소가치가 있다고 말해줍니다. IT계의 화석, 디지털 문명의 고생물학이라고 할까요? 이렇게 팔년이 넘도록 멀쩡히 쓸 수 있는 휴대폰을 여러분들은 큰돈 들여가며 일이년에 한번씩 교체합니다. 못 쓰게 된 것은 기능이 아니라 디자인일 겁니다.

1990년대 초에 대우에서 하던 광고 기억나시나요? '탱크주의'라고, 지금 보면 황당합니다. 2000년까지 쓸 수 있다고 했죠. 요즘 휴대전화 광고에서 2026년까지 쓸 수 있을 만큼 튼튼하다고 한다면 여러분은 사시겠어요? 불과 이십년 사이에 소비의 양상이 확 달라진 겁니다. 오늘날 상품은 제품으로 생산되는 것이 아니라 작품으로 생산됩니다. 며칠 전에 텔레비전을 보니 LG전자에서 실제로 그렇게 광고를 하더군요. "우리는 제품이 아니라 작품을 만듭니다." 이것이 바로 '미적 자본주의'입니다.

현대 자본주의의 미학적 성격을 가장 잘 보여주는 것이 이른바 '사용자 체험'(user experience)이라는 표현입니다. 사용자가 제품을 통해 어떤 체험을 하느냐가 중요해진 거죠. 체험을 매개하는 것, 그것은 기술의 문제가 아니라 예술의 문제입니다. 존 듀이(John Dewey)는 『경험으로서의 예술』이라는 책에서 예술의 본질은 '경험'을 매개하는 데에 있다고 말한 바 있습니다. 체험을 전달하는 것은 전통적으로 예술가들이 담당해온 과제였습니다.

그 체험은 시각에 그치는 것이 아닙니다. 예를 들어 자동차 제조회사인 아우디에는 냄새 디자이너까지 있다고 합니다. 아우디를 생산할 때 운전석에 들어가는 소재들을 가열해서 거기서 나는 냄새를 맡아보는 겁니다. 한마디로 후각 디자인을 하는 거죠. 그뿐인가요? 좌석에 앉았을 때의 착석감, 핸들을 쥐었을 때의 그립감, 엔진 출력을 올릴 때 들리는 음향, 이 모두가 차량 디자인의 영역에 포함됩니다. 이것이 이른바 '오감 디자인'입니다. 예로부터 철학자들은 예술을 '상상력의 유희'라 불렀습니다. 칸트나 실러를 생각해보세요. 따라서 미학적 자본주의에서 요구되는 인간상은 오감 디자인을 할 줄 아는 예술가형 인간형, 한마디로 호모 루덴스라 할 수 있습니다.

놀이와 예술의 밀접한 관계가 암시하듯이 미적 자본주의는 필연적으로 유희자본주의로 진화할 수밖에 없습니다. 그 경향을 반영하듯이 최근에는 '사용자 체험'(user experience)이라는 말이 서서히 '유희자 체험'(player experience)이라는 말로 바뀌어가고 있습니다. 여러분도 아마 '게이미피케이션'(gamification)이라는 낱말을 들어보셨을 겁니다. 최근 기업의 경영이나 제품의 생산에 '게임화'가 도입되고 있습니다.

언젠가 동네 앞을 지나다가 우연히 본 장면입니다. 아이들이 가게에서 과자를 사서 뜯더니 그 안에 있던 딱지만 챙기고 과자는 그냥 버리더라고요. 스티커 모으는 게 그렇게 재미있나봅니다. 또 제가 다니는 슈퍼마켓에서 어느날 물건을 샀더니 포도송이가 그려진 종이 한장을 주더군요. 일정액의 물건을 살 때마다 포도알 스티커를 하나씩 주는 겁니다. 심심해서 그 종이에 스티커를 붙이다 보니 빨리 다 채워서 완성시키고 싶은 마음이 들더라고요. 그러려면 물론 그 가게에서 물건을 열심히 사야겠지요. 그래서 그림을 완성해서 가져가니 사은품을 주더라고요. 이게 게이미피케이션입니다. 고객에게 포인트를 주고 배지를 주고 특별회원으로 승급시켜주는 것 등등, 오늘날 대부분의 기업에서는 어떤 형태로든 게이미피케이션을 활용하고 있습니다.

다른 재미있는 예도 많지요. 인터넷에서 보니 미국의 어느 노숙자는 구걸에도 게임을 도입했더군요. 각 종교의 이름을 붙인 돈 바구니를 여러개 늘어놓고 이런 팻말을 들고 앉아 있는 겁니다. "어떤 종교가 노숙자를 가장 잘 돌보는가?" 또 과학 연구에도 게이미피케이션이 활용됩니다. 에이즈 바이러스인 HIV의 단백질 구조를 푸는 데 게임을 도입해서 개인별, 국가별로 경쟁을 시켰습니다. 그 결과 과학자들이 십여년 동안 달라붙어도 풀지 못했던 HIV의 단백질 구조를 단 3주 만에 풀어냈다고 합니다. 이런 것이 바로 게이미피케이션입니다.

게이미피케이션이 일어나면 어디까지가 쓸모없는 놀이이고 어디까지가 진지한 노동인지 구분하기 어려워집니다. 어떻게 보면 맑스의 예언이 실현됐다고 할 수도 있지요. 그는 다가올 공산주의 세계에서는 노동이 유희가 될 거라 예언한 바 있습니다. 그가 바라던 사회는 결국 오지 않았지만, 그의 예언은 실현되었습니다. 노동이 유희가 될 것이라는 공산주의 이상이 게이미피케이션을 통해 자본주의적으로 실현된 거죠. 거기서 결정적 역할을 한 것 역시 디지털 테크놀로지입니다.

가령 산업사회(industrial society)에서는 노동과 여가가 공간적·시간적으로 분리되어 있었습니다. 노동은 공장 안에서, 작업 시간 안에 이루어지고, 여가는 공장 밖에서, 공장 문을 나서는 순간부터 시작됩니다. 하지만 산업 이후의 사회(post-industrial society), 즉 정보화사회에 들어오면 상황이 달라집니다. 노동인구의 절반 이상이 물질적 재화의 생산·가공·유통이 아니라 정보의 생산·가공·유통에 종사합니다. 즉 컨베이어 벨트에서 일하는 사람들보다 컴퓨터 앞에서 일하는 사람들의 수가 더 많다는 얘기죠. 바로 그럴 때 그 사회는 산업화에서 정보화의 단계로 넘어갔다고 말을 하지요. 정보화사회에서는 노동과 여가가 시간적·공간적으로 명확히 구별되지 않습니다. 클릭 한번에 근로 모드에서 오락 모드로 갔다가, 부장님 들어오시면 다시 클릭 한번에 다시 근로 모드로 되돌아올 수 있지요. 디지털 시대에 노동의 수단과 오락의 수단은 일치합니다. 오늘날 대중은 컴퓨터로 일하고, 컴퓨터로 놉니다.

디지털의 사회학:
유토피아와 디스토피아

　디지털 테크놀로지가 인간과 인간이 관계를 맺는 방식을 어떻게 바꾸어놓을지는 방금 한 이야기 속에 이미 함축되어 있습니다. 앞에서 오늘날 자본주의가 기호자본주의, 미적 자본주의, 유희자본주의로 변모하고 있다고 말씀드렸죠? 자본주의의 성격이 변한다는 것은 그 안에서 이루어지는 인간관계의 양상, 특히 자본과 노동의 관계가 달라진다는 것을 의미합니다. 오늘날 그 변화를 미리 보여주는 몇가지 단초를 예로 들어보죠.

　'모더'(modder)라 불리는 사람들이 있습니다. 새로운 게임이 출시되면 코드를 깨서, 기존의 게임을 변형해 그걸로 새로운 게임을 만드는 사람들이죠. 처음에는 게임

제작사에서 이들의 존재를 못마땅하게 여겼다고 합니다. 그런데 가만히 보니까 이들의 존재와 활동이 자기들에게 불리하지 않은 거죠. 오히려 자사의 게임을 광고해주는 효과가 있는데다가, 이들이 게임을 이리저리 뜯어보는 가운데 버그를 찾아주기까지 했거든요. 그래서 제작사에서 다음 게임을 출시할 때 아예 코드를 공개해버렸다고 합니다. 마음껏 수정하라는 거지요. 그 대신 모더들이 그것으로 수익사업을 해서는 안 된다는 조건을 내겁니다. 모딩은 모더들이 하고 돈은 자기들이 벌겠다는 거죠. 모더들은 자발적으로 '놀이'를 할 뿐인데, 거기서 수익이 발생하는 겁니다. 모더들의 자발적 유희가 게임 회사에는 자발적 노동이 되는 거죠. 거기서 발생하는 수익은 물론 게임 회사에서 챙기고요. 그런데 이건 착취 아닐까요?

제 경험을 말씀드리죠. 오래전에 「허핑턴 포스트」라는 곳에서 연락이 왔습니다. 자기들 사이트에 블로그를 개설해 글을 올려달라는 거죠. 물론 원고료는 없습니다. 그럼 돈은 누가 버나요? 물론 그들이 법니다. 거절했죠.

물론 유명해지고 싶은 사람들은 그곳에서 하는 활동으로 제 이름을 알릴 수 있을 겁니다. 하지만 저는 이미 글쟁이로서는 프로인데 왜 돈도 안 받고 글을 써줘야 합니까? 이건 착취 아닙니까? 나중에 알고 보니 「허핑턴 포스트」가 3억 달러에 매각되었다고 합니다. 그 회사의 가치를 불려준 것은 물론 그 사이트에 열심히 글을 올린 블로거들이었지요. 듣자 하니 이들이 매각대금의 일부를 내놓으라는 소송을 냈다고 합니다. 생각해보세요. 노동이 착취당한다는 얘기는 들어봤어도, 유희가 착취당한다는 얘기는 들어보신 적 있나요?

심지어 중국에서는 게임 회사에서 아예 사람들을 고용하여 컴퓨터를 늘어놓은 큰 방에 몰아넣고 하루 종일 게임을 시킨다고 합니다. 게임에서 획득한 아이템은 곧 현금과 같은 가치를 지니니까요. 그 사람들이 회사에서 봉급을 받고 하는 일이란 게임을 하는 것뿐입니다. 그렇다면 이 사람들은 노동을 하는 걸까요, 아니면 오락을 하는 걸까요? 헷갈리죠. 그래서 미국의 어느 학자가 직접 중

국에 가서 관찰을 해보았답니다. 만약 저 사람들이 자기
일을 노동이라고 생각한다면 업무시간이 끝나면 게임은
거들떠도 안 볼 거라는 거죠. 실제로 봤더니 그들 중 3분
의 2 정도는 정말 근무가 끝난 후 딴 일을 보더랍니다. 문
제는 나머지 3분의 1입니다. 그들은 일이 끝나자마자 바로
PC방으로 자리를 옮겨 자신들이 하던 그 게임을 계속하
더랍니다.

심지어 중국의 어떤 교도소장은 교도소 내에다 게임
방을 만들어서 죄수들에게 골드 파밍을 시켰다고 합니다.
물론 그 수익은 자기가 챙기고요. 그런데 그분은 그게 다
재소자들의 인권과 복지를 위한 일이었다고 우긴답니다.
어떻게 생각하세요? 만약 그들이 하는 게임이 놀이라면
그것은 복지사업일 겁니다. 하지만 그들이 하는 게임이
노동이라면 그것은 명백히 노동력 착취겠지요. 그런데 여
러분이 죄수라고 생각해보세요. 하루 종일 감방에 있을래
요, 아니면 게임을 하실래요? 아마 자발적으로 착취당하
기를 원하시겠죠. 그만큼 놀이와 노동의 경계가 희미해졌

다는 뜻일 겁니다.

실제로 게임 연구에서는 이런 유형의 활동을 '놀이'(play)에 '노동'(labor)을 더해 '플레이버'(playbor)라 부릅니다. 이는 세계 전체가 거대한 하나의 게임이 되어가고 있음을 보여줍니다. 현실 자체가 비트와 아톰이 중첩되고, 가상과 현실이 중첩되고, 노동과 유희가 중첩되는 파타피지컬한 세계로 변해가는 거죠.

이렇게 유희자본주의하에서는 전통적인 산업노동자(proletariat) 외에 인지노동자(cognitariat)나 감정노동자(emotariat)라는 새로운 노동자 계층이 발생합니다. 인지노동자란 앞에서 살펴본 모더처럼 유희로서 노동을 하는 사람들을 가리킵니다. 이들이 정보자본주의의 화이트칼라라 한다면, 회사에 고용되어 골드 파밍을 하는 이들은 유희자본주의의 블루칼라라 할 수 있습니다.

이렇게 오늘날 노동은 유희가 되고, 미학이 윤리학이 되어가고 있습니다. 자본주의적 형태로나마 맑스의 예언이 이루어진 셈입니다. 그렇다면 이로써 꿈꾸던 유토피아

사회가 도래한 것일까요? 그렇지는 않은 것 같습니다. 예를 들어보죠. 미적 자본주의하에서 기업은 고객에게 '감동'을 줘야 합니다. 전통적으로 예술가가 해왔던 일을 이제는 기업에서 하고 있는 거죠. 그러다보니 '감정노동'이라는 새로운 형태의 노동이 발생합니다. 이를 담당하는 것이 바로 오늘날의 감정노동자들이죠. 아마 여러분들도 여러 보도를 통해 그들이 얼마나 스트레스를 받는지 아실 겁니다. 전통적인 자본-임노동의 예속관계가 노동자의 육체와 정신만이 아니라 그들의 감정으로까지 확장된 셈이죠.

그래도 미학을 전공한 저로서는 이 상황이 나쁘지만은 않습니다. 옛날에 제가 미학과를 선택할 때만 해도 미학은 아무도 하려고 들지 않던 전공이었습니다. 들어가보니 위로 선배라고는 딱 세분이 계시더라고요. 심지어 그분들도 딱히 이 과를 원해서 온 것 같지는 않아 보였습니다. 그렇게 아무도 관심을 갖지 않는 분야였는데, 요즘은 제가 미학을 선택한 것이 참 잘한 결정이라는 생각이 듭니다. 왜? 미학이야말로 미래의 경제학이니까요. 앞에서 말씀드린 것처럼 자본주의의 성격 자체가 미학적·유희적 자본주의로 변해가고 있습니다. 이 변화에는 물론 좋은 면도 있고 나쁜 면도 있겠지요. 좋은 면이라면 노동이 유희가 되고 생산이 예술이 되는 오랜 공산주의 유토피아가 실현되고 있다는 측면이겠지요. 그리고 나쁜 면이라면, 그 공산주의적 유토피아가 인간들의 자유로운 결정의 결과가 아니라 자본주의 논리에 의해 인간에게 강요되고 있다는 점이겠지요.

오늘날 미학적 인간, 유희적 인간이 되라는 요구는 사실상 자본주의의 정언명법이 되었습니다. 과거에는 국어·영어·수학만 열심히 공부하면 됐는데, 이제는 창의성까지 갖추라고 요구합니다. 과거에 예술은 강요되지 않는 자유로운 상상력의 놀이였습니다. 하지만 자본주의하에서 기술이나 자본과 강제로 결합한 예술은 더이상 자유로운 놀이일 수 없게 됩니다. 우리는 자유로워야 한다고 명령을 받습니다. "창조적이어야 해. 절대로 획일적이어선

안 돼!"

이 경향이 이른바 '헬조선'에 들어오면 더 황당한 형태로 나타납니다. 아시다시피 우리 대통령이 취임하자마자 '창조경제'를 표방했습니다. 그러자 대한민국 정부부처들은 저마다 자기 부서 이름 앞에 '창조'라는 글자를 붙였지요. 그 결과 팔십몇개 부서가 획일적으로 '창조'라는 이름을 갖게 됐습니다. 웃지 못할 해프닝이죠. 그리고 이건 카이스트의 정재승 교수한테 들은 얘기입니다. 정부에서 대학에 재정 지원을 할 테니 스티브 잡스와 같은 인물을 길러내라고 했답니다. 그 말을 들은 교수들은 이런 고민에 빠졌다고 합니다. '스티브 잡스를 만들려면 아이들을 다 자퇴시켜야 할 텐데……'

이처럼 창조경제를 둘러싼 일련의 해프닝도 알고 보면 앞에서 말한 자본주의 성격 변화가 한국이라는 토양에서 극단적으로 희화화한 형태로 나타난 것이라 할 수 있죠. 헬조선에서는 '너 자신을 발명하라'는 니체(F. W. Nietzsche)의 실존미학도 결국 '자기계발'이라는 이름의 처세술로 전락합니다. 다만 처세술의 항목에 창의성이 성공을 위해 반드시 갖추어야 할 새로운 스펙으로 첨가되겠지요.

테크노 인문학,
세계의 제작학

창의성이 자본주의적 정언명법이 되어버린 이 새로운 상황이 유토피아이든 아니면 디스토피아이든, 한가지 확실한 것은 앞으로는 그 현실과 더불어 살아갈 수밖에 없다는 것이겠지요. 우리가 원하든 원하지 않든 말입니다. 그렇다면 남은 것은 창의성을 강요하는 이 사회에서 인문학은 어떤 기능을 해야 하느냐는 물음입니다.

주위를 둘러보면 참으로 이상한 풍경이 펼쳐지고 있습니다. 대학에서는 인문학이 다 죽어가는데 출판이나 강연 시장에서는 인문학의 붐을 얘기하죠. 왜일까요? 아무리 생각해도 이 역설에 대한 합리적인 설명은 한가지밖에 없는 것 같습니다. 사실 이 시대는 인문학을 요구하고 있습니다. 그런데 시대가 요구하는 인문학이 대학에서 가르치는 그런 인문학은 아니라는 겁니다. 그래서 지금 인문학 시장에서 제법 팔리는 저자들을 보면 대개 저처럼 껄렁한 사람들, 대학에 속하지 않은 프리랜서이거나 아니면 설사 대학에 적을 두었다 하더라도 고전적·전형적인 교수님 유형의 저자들이 아닙니다. 한마디로 시장에서 유통되는 인문학은 대학에서 연구하고 가르치는 것과는 성격이 좀 다른 것이 틀림없습니다.

한가지 바라는 게 있다면, 대중화한 인문학 역시 내용을 좀더 고민해야 한다는 겁니다. 지금 시장에서 소비되는 인문학은 과거의 인문학을 말랑말랑한 형태로 다듬은 것에 가깝습니다. 과거에 이룩한 문화적 성취를 현대의 대중 눈높이에 맞춘 것이라 할까요? 그것도 물론 소중한 작업이지만, 앞으로 인문학이 시급히 답해야 할 새로운 문제들에 비추어보면 약간 한가해 보이는 것이 사실입니다. 전통적인 인문학을 대중적 필치로 풀어 그때그때 대중의 정서에 맞추는 '복고풍의 인문학'으로는 충분하지 않습니다. 지금 인문학적으로 해석하고 설명해야 할 것이 너무 많기 때문입니다. 지금 우리 눈앞에서 벌어지는 사건들, 이 모든 기술적 발전들, 그것들의 의미를 어떻게 해석할 것이며 거기서 어떤 문제가 제기되는지를 논의해야 합니다. 필요한 것은 완전히 새로운 유형의 인문학, 즉 테크놀로지와 연동된 미래학적 성격의 인문학입니다.

물론 예나 지금이나 인문학의 본령에는 변함이 없습니다. 인문학은 세계 속에서의 인간의 위치, 그 속에서 살아가는 의미를 묻는 학문입니다. 한마디로 그것은 삶의 '수단'이 아니라 삶의 '목적' 자체에 대한 물음입니다. 인문학이 위기에 처한 것은 바로 그 때문인지도 모릅니다. 인문학이 길러주는 능력은 프랑크푸르트학파의 용어를 빌리면 '도구적 이성'이 아니라 '비판적 이성'이니까요. 인문학을 한다고 돈 버는 능력이 생기거나 돈을 버는 머리가 좋아지는 것은 아닙니다. 아니, 인문학을 통해 획득한 비판적 이성이 외려 돈을 버는 데에 방해가 될 수도 있습니다.

예를 들어 최근 지면을 시끄럽게 하는 옥시 사태를 봅시다. 인문학 정신을 가진 사람이라면 회사에서 그런 못된 짓을 하는 것을 보고 항의를 하다가 결국 쫓겨나고 말았겠죠. 그렇다고 인문학이 사회적으로 아무 쓸모가 없는 것은 아닙니다. 만약에 그 회사의 임원이나 직원 중에 인문학적 정신으로 충일한 사람들이 있어 회사가 잘못된 결정을 내리지 못하게 했다면 수많은 인명 희생과 그로 인해 초래되는 엄청난 사회적 비용의 지불을 막을 수 있었을 테니까요. 이것이 인문학이 대표하는 비판적 이성의 사회적 효용입니다. 인문학은 사회 속에서 그런 비판적 이성을 대표해왔고, 앞으로도 그 역할은 변하지 않을 것입니다.

하지만 미디어 환경의 변화로 텍스트 기반의 인문학 역시 변화를 요구받고 있습니다. 텍스트는 선형적으로 읽힙니다. 문자문화 시대에 인간의 의식은 역사적·과정적·비판적 의식을 갖고 있었습니다. 하지만 17세기 이후 인간이 세계를 수로 기록하기 시작하면서, 인간의 의식은 점차 체계적·형식적·공학적 의식으로 바뀌어갔습니다. 그것을 통해 과학과 기술의 위대한 성취가 이루어졌습니다. 그러다보니 이 공학적 패러다임을 인문학적 사유에 도입하려는 시도까지 이루어졌습니다.

예를 들어, 구텐베르크 은하가 종언을 고하던 1950년대 프랑스의 정신계에서는 역사주의 사조가 물러가고 구조주의 사고가 새로이 등장합니다. 현상에 통시적으로 접근('역사')하는 데에서 공시적으로 접근('구조')하는 방향으로 경향이 바뀐 것이죠. 구조주의 운동은 인문학이 자신 안에 공학적 프레임을 받아들이는 과정이었습니다. 미디어 철학자 빌렘 플루세르는 물리학에서 사물을 미립자로 분해하고 생물학에서 생명을 DNA로 분해하듯이 구조주의 운동의 시대에 들어와 언어학에서는 언어를 음소로, 문화학에서는 문화를 문화소로, 심리학에서는 인간의 행위를 행동소로 분해하게 되었다고 지적합니다. 이 모두가 인문사회학에 공학적 프레임이 적용된 예라고 할 수 있죠. 그런 의미에서 구조주의 운동은 전통적 인문학에서 테크노 인문학으로 이행하는 과도기의 현상이었다고 할 수 있습니다.

인문학은 세계를 '해석'합니다. 반면 공학은 세계를 '제작'합니다. 인문학이 공학적 프레임을 받아들였다는 것은 곧 세계를 해석하기만 했던 인문학이 이제 부분적으로나마 세계의 제작에도 참여하게 됐다는 것을 의미합니다. 알게 모르게 인문학은 이미 세계의 제작학으로 성격을 바꾸어가고 있습니다.

이 현상은 크게 세가지 양상으로 나타나고 있습니다. 첫째는 세계의 제작에 콘텐츠를 제공하는 것입니다. 디지털 혁명의 결과 지구는 저인망처럼 촘촘한 그물코를 가진 복잡한 정보의 망으로 뒤덮이게 되었습니다. 특히 우리나라처럼 초고속 인터넷 망이 이렇게 촘촘하게, 또 이렇게 신속하게 깔린 나라도 없을 겁니다. 일단 망을 깐 다음에는 당장 그리로 흘릴 콘텐츠가 필요해집니다. 그 콘텐츠란 결국 문학·역사·철학, 고전적인 인문학의 콘텐츠일 수밖에 없습니다.

우리나라 대학들을 보면 문사철을 없애버리고 대신 '콘텐츠 학과'라는 것을 만듭니다. 이 역시 인문학이 세계의 제작학으로 변화하는 과정에서 발생하는 해프닝이죠. 도대체 콘텐츠 학과에서 학생들이 뭘 배울까요? 아마도 콘텐츠가 중요하다는 '사실'을 배우고 나갈 것 같습니다. 인문학이 공학의 필요에 응답하는 것은 필요한 일이지만, 그 관계가 이렇게 일방적이어서는 안 됩니다. 지금은 산업계에서 인문학을 향해 영화화, 드라마화, 게임화에 필요한 아이템을 발굴해 헐값에 납품하라고 요구하는 식이거든요. 인문학의 토양은 무너뜨린 채 필요한 자재를 빨리 납품하라고만 하니, 여기서도 다시 한번 난개발로 인해 소재가 고갈되는 사태가 벌어지고 있죠.

디지털 경제가 먹고 살 콘텐츠를 안정적으로 공급받으려면 인문학의 토양을 비옥하게 만들어야 합니다. 아울러 인문학 역시 고전적인 개념의 연구와 함께 변화한 디지털 환경에 맞춤한 방식으로 자기를 재(再)조직할 준비가 되어 있어야 합니다. IT 산업은 결국 판타지 산업일 수밖에 없습니다. 판타지 산업은 콘텐츠를 먹고 살지요. 이 것이 경제적으로나 사회적으로나 그 어떤 시대보다 오늘날 인문학이 더 중요해진 이유입니다. 다만 인문학이 공학에 제공해야 할 콘텐츠는 '소재'가 아닙니다. 진정으로 제공해야 할 것은 '인문학적 상상력'입니다. 바로 그것을 우리 사회에서는 정부와 기업이 힘을 합해 고갈시키고 있지요.

둘째, 인문학의 세계제작은 인터페이스 디자인과 관련해서 일어나고 있습니다. 이와 관련하여 우리가 주목해야 할 것은, 산업혁명과 정보혁명의 인터페이스 디자인 원리는 정반대라는 사실입니다. 산업혁명의 인터페이스는 기계를 상수로 놓고 인간을 변수로 놓습니다. 즉 자연법칙을 연구해서 기계를 만든 후 인간을 거기에 강제로 끼워맞춥니다. 그러다보니 인간의 기계화가 발생합니다. 테일러 시스템에서는 인간의 동작을 로봇처럼 표준화하고, 포드 시스템에서는 인간의 동작을 기계의 부품처럼 조각조각 나눕니다. 그 결과 인간은 기계가 됩니다.

정보혁명의 인터페이스는 디자인 원리가 이와는 완전히 다릅니다. 정보혁명의 인터페이스는 거꾸로 인간을 상수로 놓고 기계를 변수로 간주합니다. 다시 말해 인간에게 기계를 맞춥니다. 예를 들어 '생체공학적 디자인'(ergonomics)을 생각해보세요. 여기서는 무엇을 만들건 일단 인간부터, 이른바 휴먼 팩터(human factor)부터 고려합니다. 그리고 기계를 인간의 생체적 특성에 맞게 디자인해 들어가죠. 그것이 이른바 '사용자 인터페이스'(UI)라는 것입니다. 앞에서 말씀드렸듯이 사용자 인터페이스도 벌써 '사용자 체험'(UX)으로 진화하고 있지요. 그저 기기를 쉽게 쓸 수 있게 해주는 정도를 넘어 기기의 사용이 사용자에게 미적 체험까지 전달해야 한다는 것입니다. 최근에는 사용자 체험을 넘어 '유희자 체험'(PX)까지 얘기하고 있지요. 제품을 제작할 때 우선적으로 사용자가 이 제품에서 어떤 '체험'과 어떤 '유희'를 할지 미리 떠올려야 하는 겁니다.

이렇게 기계도 인간에 맞춰서 디자인해야 하는 시대

가 되었습니다. 컴퓨터도 마찬가지죠. 과거의 도스 운영 체제는 철저히 기계 기반의 디자인이었습니다. 하지만 윈도우 체계에서는 명령어를 타이핑할 필요 없이 직관적으로 아이콘을 클릭하고 파일을 쓰레기통으로 끌어다 버립니다. OS의 디자인은 점점 더 파타피지컬한 방향으로 진화해나갈 것입니다. OS '윈도우'를 글자 그대로 현실의 창문이라고 생각하고, 그 창으로 현실을 내다보며 클릭을 하는 상황을 떠올려보십시오. 이 상황이 아직은 비유에 불과하지만, 머잖아 정말로 그렇게 될 겁니다.

정보혁명 이후에 기계는 인간의 감각, 인간의 정서, 인간의 취향, 인간의 생체리듬에 맞춰 제작됩니다. 기계를 제작하기 위해 먼저 인간부터 이해해야 하는 상황이 도래한 거죠. 그런데 인간을 가장 오래 연구해온 학문이 무엇입니까? 바로 인문학이 아니던가요?

셋째, 인문학의 세계제작은 과학 연구와 관련해서도 일어나고 있습니다. 인공지능 분야를 예로 들어보죠. 요즘 컴퓨터는 사물을 보고 그게 뭔지 알아맞힐 수 있게 되었습니다. 인간에게는 너무나 쉬운 일이지만 컴퓨터에게는 이게 굉장히 어려운 일이라고 합니다. '모라베크의 역설'(Moravec's paradox)이라고, 컴퓨터는 인간이 어려워하는 일은 쉽게 하지만 인간이 쉽게 하는 일은 어려워한다고 하잖아요.

인간의 인지에 대해 철학에서는 크게 두가지 모델이 있었습니다. 유명론(nominalism)과 실재론(realism)이 그것이죠. 실재론에서는 컵이라는 것의 '본질'이 있다고 가정합니다. 즉 모든 종류의 컵들이 지니는 공통성이 있다는 거죠. 실재론 모델에 따르면 기계로 하여금 사물을 인식하게 만드는 것은 비교적 쉬운 일입니다. 그 본질, 즉 공통성을 기술하는 공식만 입력하면 되니까요. 그러면 아무리 다양한 모양의 컵을 보여줘도 그 본질, 즉 공통성을 지각해 '이건 컵이다'라는 판단을 내린다는 겁니다. 이게 실재론 모델입니다.

반면 유명론에 따르면 개념이란 그저 이름에 불과합니다. 사실 컵이라 해도 재질이 다 다르고 모양이 다르고 색깔이 다르잖아요. 따라서 어떤 것을 컵으로 인지한다는 것은 간단한 공식을 입력하는 것으로 해결될 문제가 아니라 굉장히 많은 경험을 필요로 하는 작업이라는 것입니다.

사전에서 어떤 낱말을 한번 찾아보세요. 그 낱말 아래 수많은 뜻들이 적혀 있을 겁니다. 그 수많은 뜻풀이 모두가 공유하는 공통성이 있습니까? 대개의 경우 그런 것은 없습니다. 그 뜻풀이들은 기껏해야 비트겐슈타인이 말한 '가족유사성'을 가질 뿐입니다. 엄마와 아빠의 유전자가 다른 이상 가족 성원들 모두가 가진 유사성이란 있을 수 없지요. 가족의 성원들은 그저 서로 교차하는 유사성을 가질 뿐입니다. 가령 '예술'이라는 말도 그렇잖아요. 연극하고 영화는 비슷하다 하더라도 영화와 음악, 사진과 무용은 뭐가 닮았습니까? 그럼에도 불구하고 우리는 그것들을 묶어 '예술'이라 부르고, 또 그렇게 인지합니다. 그렇기 때문에 우리가 어떤 것을 그것으로 인지한다는 것은 많은 시행착오와 복잡한 경험을 거쳐 비로소 습득하는 능력입니다.

사실 철학에서 이 논쟁은 오래전에 유명론의 승리로
끝났습니다. 같은 이름으로 불리는 사물들에는 본질, 즉
그 이름으로 불리는 모든 개체들에 공통된 속성이 있다는
실재론의 입장을 철학에서는 '본질주의의 오류'라 부릅
니다. 실제로 인공지능으로 해보니까 유명론이 맞아요. 인
공지능 연구가 1950년대 이후 답보 상태를 면하지 못했던
것도 어떻게 보면 그릇된 철학적 전제 위에서 작업을 했
기 때문인지 모릅니다.

　　'디프 러닝'(deep learning)이라는 것도 그와 관련이 있
습니다. 공식 몇개를 입력해 문제의 '필연적' 해법을 구하
는 방식이 아니라 데이터베이스 형태로 쌓인 수많은 경험
을 참조해 그것을 바탕으로 '개연적' 판단을 내리는 식이
잖아요. 이 역시 결국 철학의 문제입니다. 1950~60년대의
싸이버네틱스가 데까르뜨의 합리주의 모델을 바탕으로
했다면, 최근의 인공지능 연구는 명백히 경험주의적 접근
을 택하고 있습니다. 그리고 그것이 실제로 인간이 사고
하는 방식에 가깝다는 것이 알파고를 비롯한 여러 실험들

이 입증해주고 있는 셈이죠.

이를 뒤집으면, 인간의 의식과 심리를 오랫동안 연구해온 철학이 인공지능 실험에 모델을 제시해줄 수가 있다는 얘기가 됩니다. 거꾸로 과학 실험은 시뮬레이션을 통해 이제까지는 불가능했던 철학적 명제의 진위 검증을 가능하게 해줍니다. 최근의 인공지능 연구를 지켜보자면, 마치 철학사가 다른 방식으로 반복되고 있다는 느낌을 받습니다. 거기서도 20세기 철학에서 데까르뜨주의나 논리실증주의가 극복되는 과정과 평행을 이루는 현상이 발견되니까요. 인공지능은 인지능력을 넘어 인간의 감성과 감정 능력을 시뮬레이션하는 데까지 나아가고 있습니다. 인공지능 연구자들은 현상학 연구에서 많은 것을 참고할 수 있을 겁니다. 그 문제는 특히 현상학에서 중요한 철학적 의제로 여겨져왔으니까요.

예를 들어 호주의 철학자 데이비드 차머스(David Chalmers)가 말한 인공지능의 '난제'(hard problem)도 결국 현상학에서 말하는 감각적 질의 문제와 관련이 있습니다.

생각해보세요. 기계는 빛을 보고 그것의 조도가 몇 럭스인지, 소리를 듣고 그것의 진동이 몇 헤르츠인지 우리보다 더 정확히 알아맞힐 겁니다. 하지만 기계가 빛과 소리의 미묘하고 섬세한 결까지 느낄 수 있을까요? 이런 식으로 인공지능은 철학적 연구에 새로운 주제를 던져줍니다.

새로운 인문학이라면 당연히 이렇게 새롭게 제기되는 물음에 대해 답할 준비를 갖추어야 합니다. 그로써 인문학도 디지털 시대에 대안적 세계를 제작하는 일에 참여해야 합니다. 기술만이 세계의 제작에 관여하던 예전과 달리 이제는 예술과 인문학까지 참여하는 시대가 온 것입니다. 아직 연구할 것이 엄청 많아요. 그리고 이 참여가 거꾸로 인문학에 새로운 통찰의 기회를 제공해줄지도 모릅니다.

인문학이란 결국 인간을 이해하기 위한 학문입니다. 그런데 어떤 것을 이해하는 가장 좋은 방법은 그것을 실제로 만들어보는 겁니다. 미디어 철학자 프리드리히 키틀러가 '이제 인간은 제작 가능해졌다'고 말했습니다. 그의 말대로 이제 우리는 인간을 실제로 만들어보는 단계에 도달했습니다. 산업혁명을 통해서 우리는 인간의 관절을, 인간의 팔다리를 기계로 시뮬레이션하는 데에 성공했습니다. 정보혁명을 통해 우리는 컴퓨터로 인간의 두뇌를 시뮬레이션하고 인간의 감정까지 시뮬레이션하는 데에 도전하고 있습니다. 한마디로 인간의 역설계(reverse engineering)가 시작된 거죠.

카이스트의 김대식 선생이 개발한 프로그램은 멀리서 찍은 골프공 사진을 보여주고 뭐냐고 물으면 '야구공'이라고 대답합니다. 그런데 좀더 가까이서 찍은 사진을 보여주면 '골프공'이라고 답변을 정정합니다. 기계도 인간처럼 실수를 하고, 실수를 정정하는 겁니다. 이런 식으로 인간의 인지 모델을 시험해볼 수 있는 것입니다. 더 나아가 감정의 모델까지 시험해볼 수 있겠지요. 사실 데까르뜨에서 흄에 이르기까지 철학자들은 정념론을 연구해왔습니다. 하지만 그것의 올바름을 검증할 길은 없었죠. 이제 좋은 기회를 얻은 겁니다. 철학이 과학자들의 실험에 효율적인 이론적 패러다임을 제시할 수 있고, 거꾸로 과학은 시뮬레이션을 통해 철학적 이론이 옳은지 그른지를 검증해줄 수 있게 된 겁니다.

이처럼 IT 혁명의 본질이 인간의 역설계에 있는 이상, 과학을 위해서도 인문학이 필요해진 것입니다. 인문학이야말로 고대의 영혼론에서 시작하여 오랫동안 그 문제와 씨름해왔기 때문입니다. 이렇게 과학은 인문학의 새로운 도약을 위한 기회를 제공해주고 있습니다. 과학의 연구가 전통적인 인문학의 분야에까지 침투하는 것을 그저 인문학의 '위기'로만 볼 필요는 없습니다. 그것을 위대한 '기회'로 바꾸어놓아야 합니다.

다시,
무엇을
공부할 것인가

　　'디지털 시대에 무엇을 공부할 것인가?' 이 물음에 대한 보편적 답변은 존재하지 않습니다. 무엇을 공부할지는 어차피 각자 대답해야 하는 물음이기 때문입니다. 저는 그저 지금 제가 하는 공부가 어떤 식으로 진행되는지 말씀드릴 수 있을 뿐입니다. 다만 여기서 여러분들이 자신이 하는 공부에 어떤 참조를 얻으신다면 저는 그것으로 족합니다. 마지막으로 이제까지 제가 드린 얘기를 간단히 요약하는 것으로 이 강연을 마치고자 합니다.

　　앞에서 말씀드렸듯이, 저의 인문학 연구는 '미디어적 전회' 위에 서 있습니다. 따라서 미디어 이론을 철학적 기초로 삼고 있지요. 기술적 미디어에 관한 담론은 크게 1세대, 2세대, 3세대에 걸쳐 전개됩니다. 1세대는 사진과 영화의 이론, 2세대는 라디오와 텔레비전의 이론, 즉 아날로그 전자매체의 담론입니다. 마지막 3세대는 컴퓨터와 인터넷, 즉 디지털 전자매체의 이론입니다. 이 세 세대에 걸친 미디어 담론이 제가 인문학 연구에서 주요하게 참조하는 원천입니다.

이 담론들을 토대로 저는 디지털의 존재론(ontology)을 '파타피직스'의 개념으로 설명했습니다. 철학의 모든 분야가 결국 존재론을 토대로 이루어지므로, 제가 구상한 디지털의 인간학과 사회학도 결국은 이 존재론적 개념 위에 서 있다고 할 수 있습니다. 이어서 저는 하위징아의 '호모 루덴스' 개념을 도입하여 디지털의 인간학(anthropology)을 전개했습니다. 그리고 마지막으로 '노동이 유희가 되는 사회'라는 관점에서 디지털 테크놀로지로 인해 자본주의 사회가 새로운 형태로 변모하고 있음을 보여드렸습니다. 이것이 제가 구상하는 디지털의 사회학(sociology)입니다. 여기서는 그 사유의 단초만 보여드렸습니다.

그밖에도 저는 여러분께 인문학이 그저 세계의 해석학에 머물지 않고 적극적으로 세계의 제작학으로 변모해야 한다고 말씀드렸습니다. 그리고 과학의 연구가 전통적인 인문학의 영역으로 침투해오는 것을 그저 '위기'로 볼 것이 아니라 외려 '기회'로 여겨 그것을 적극적으로 끌어안아야 한다고 주장했습니다. 공학의 영역에서 이루어지는 인간의 역설계는 인문학에 세계의 제작에 참여할 기회를 제공해주고, 또한 인문학 자체에 이제까지 불가능했던 새로운 통찰의 기회를 제공해줄 수 있다고 보기 때문입니다.

저는 현재 동양대학교에 '기술미학연구소'라는 것을 만들어서 동료 교수들과 함께 연구도 하고 포럼도 개최하고 그 결과를 묶어 총서도 내고 있습니다. 솔직히 말씀드리면 답답한 상황입니다. 다들 학문의 융합을 얘기하지만, 말만 요란하지 하려고 하면 같이할 사람이 없습니다. 일단 이런 문제의식을 갖고 있는 사람이 과학 쪽에서도 소수에 불과하고, 인문학 쪽에서는 그보다 더 소수일 겁니다. 요즘에는 하도 답답해 인문학 하는 학생들에게 과학을 가르치느니 차라리 과학을 공부하는 학생들에게 인문학을 가르치는 것이 더 빠르겠다는 생각도 듭니다. 그러다보니 많이 외롭습니다.

이런 얘기가 대부분의 인문학자들에게는 아마 외계어로 들릴 겁니다. 그럼에도 불구하고 저는 앞으로도 계속 이런 식으로 새로운 인문학을 만들어나갈 생각입니다. 한편으로는 형식의 고민, 즉 인문학의 새로운 플랫폼에 관한 고민이 있어야겠지요. 새로운 플랫폼에서 텍스트와 사운드·이미지 사이의 관계를 어떻게 설정할 것인가? 이는 텍스트로 작성한 콘텐츠를 대중의 눈높이에 맞추어 시각적·청각적으로 프레젠테이션하는 방식에 관한 고민에 그치지 않습니다. 동시에 글쓰기의 혁명, 즉 글쓰기 자체의 급진적 변화에 대한 내재적 고민이기도 하죠. 그리고 내용에 대한 고민이 있겠지요. 디지털 시대의 존재론, 인간학, 사회학의 구축을 위해서는 뇌과학, 인공지능, 진화생물학 등 다양한 과학의 분과와 인문학 사이에 접점을 마련해야 합니다. 그 작업을 어떻게 해야 할까요? 아주 많은 연구자들이 필요한데, 이쪽에 관심을 가진 이들은 매우 적습니다. 답답합니다.

이것으로 제가 준비해온 이야기는 모두 끝났습니다. 마지막으로 최근에 제가 하고 있는 작업에 대해 말씀드리죠. 현재 창비 블로그에서 고대로부터 현재까지의 감각론의 역사, 다시 말하면 다섯가지 감각의 철학사를 정리하고 있습니다. 제가 왜 이 문제에 관심을 가졌는지는 굳이 말씀 안 드려도 되겠지요?

이 기획은 크게 세 부분으로 이루어져 있습니다. 첫 부분은 '오감의 철학사'입니다. 데모크리토스부터 플라톤, 아리스토텔레스, 에피쿠로스와 스토아학파, 유클리드와 갈레노스, 중세의 아우구스티누스와 아퀴나스, 그리고 근대와 현대의 철학자들에 이르기까지 철학에서 전통적으로 감각을 어떻게 설명해왔는지 살펴보는 작업입니다. 이 논의는 오감의 과학에 대한 간략한 서술로 이어집니다. 과학적 설명은 우리에게 너무나 익숙하기에 굳이 긴 서술이 필요하지 않겠지요. 두번째 부분은 '오감의 예술사'입니다. 예술에서 다섯 감각은 역사적으로 어떻게 다루어졌을까요? 이는 오감의 관점에서 예술의 역사를 재조명하는 작업이라 할 수 있습니다. 마지막 부분은 '오감의 사회사'입니다. 여기서는 감각의 위상이 사회적으로 어떻게 변모해왔는지 살펴보게 됩니다. 앞에서 유희자본주의, 미학적 자본주의를 통해 감각이 오늘날 중요한 경제적 요인으로 자리잡았다고 말씀드렸지요? 여기에서는 최근에 대두한 오감 디자인 문제에서 시작하여 IT 산업에서 이루어지는 오감의 연구까지 다양한 주제가 다루어지겠지요. 예를 들어 촉각, 미각, 후각을 어떻게 전송할 것인가? 한번 생각해보세요.

세상은 넓고 연구할 것은 많습니다. 궁금한 것도 많고, 호기심도 많습니다. 그런데 시간만 없네요. 이것으로 강연을 마치겠습니다. 경청해주셔서 감사합니다.

묻고 답하기

인식론적 전회, 언어학적 전회에 이어 21세기 들어
미디어적 전회가 일어났다고 말씀하셨는데,
미디어적 전회 이후에도 또다른 전회가 있을까요?

당연히 있겠지요. '패러다임'이라는 말 자체가 지식
의 역사적 상대성을 함축합니다. 영원불변한 지식의 프레
임은 없다는 것이죠. 하나의 패러다임은 그 안에서 놀 수
있는 담론의 가능성을 모두 소진한 후에는 스스로 무너지
기 마련입니다.

사실 말이 '전회'지 철학의 역사를 살펴보면 결국 동
일한 문제의식을 한번은 '인식', 한번은 '언어', 한번은
'매체'라는 용어로 반복한 데에 불과합니다. 물론 그 반복
이 단순한 반복은 아닙니다. '반복 가능성'(iterability)이라
는 개념이 있지요? 반복을 통해서 차이가 생산된다는 거
죠. 여전히 차이가 생산되는 한 그 프레임은 계속 유지됩

니다. 하지만 어느 순간 그 차이의 생산이 멈추면, 그때는 반복을 위해 새로운 개념이 도입되겠지요. 즉, 패러다임의 전환이 일어나는 겁니다. '미디어'라는 패러다임이라고 이 보편적 운명에서 설마 자유롭겠습니까? 다만 미디어적 전회 이후에 무슨 전회가 있을지 예상하기는 아직 이르지요.

사실 제가 미디어적 전회를 수용하긴 했지만, 미디어적 전회의 철학적 토대는 다소 빈약해 보이는 것이 사실입니다. 제가 보기에 최종적·궁극적 심급은 미디어가 아닌 것 같거든요. 저는 최종적인 매체란 결국 언어가 아닌가 생각합니다. 디지털 미디어도 그 바탕에는 언어, 즉 문자숫자 코드가 깔려 있거든요. 이처럼 미디어도 결국 인간이 언어로 만들어내는 겁니다.

21세기에 미디어적 전회가 이루어졌다고 하지만, 궁극적으로 인간이 과연 영상으로 사고할 수 있는지 저는 회의적입니다. 흔히 '영상적 사유'라는 말을 하는데, 그것은 하나의 비유일 뿐, 정말로 헤르만 헤세가 『유리알 유희』에서 말한 것처럼 우리가 개념과 개념을 이어서 사유하듯이 영상과 영상을 이어서 사유하는 문화가 있으리라고는 상상하기 어렵습니다. 물론 요즘 디지털 대중은 아이콘들을 클릭하여 컴퓨터를 작동시킵니다만, 사실 아이콘이라는 것도 알고 보면 언어, 즉 명령어의 시각적 대체물에 불과하거든요.

우리가 가진 영상문화는 디지털 영상문화입니다. 문자문화 이전이 아니라 문자문화 이후의 영상문화죠. 사실지금 우리가 보는 이미지들은 모두 글자로 그린 그림입니다. 모든 이미지는 문자숫자 코드, 즉 알파벳과 숫자로 코딩된 것입니다. 그렇기 때문에 텍스트에 대한 이해 없이 영상을 만들거나 읽을 수 있다고 믿지 않습니다. 외려 텍스트를 이해하는 능력은 그 어느 시대보다 영상의 시대에 더 중요한 것 같습니다.

이런 시대에 텍스트를 이해하지 못하면 결국 영화 「매트릭스」에 나오는 주민들처럼 남이 만든 영상을 자기 세계로 알고 살아가게 되겠지요. 빌렘 플루세르는 이렇게 이야기합니다. '미래의 인간은 두 부류로 나뉠 것이다. 프로그래밍을 하는 사람들과 당하는 사람들.' 여기서 프로그래밍을 하는 사람들은 바로 텍스트로 이미지를 그려낼 줄 아는 사람, 남의 이미지 아래에 깔린 텍스트를 읽어낼 줄 아는 사람입니다. 이것이 새로운 언어 능력이고, 이것을 할 줄 모르는 사람은 문맹이 되는 겁니다. 라슬로 모호이너지(László Moholy-Nagy)가 이야기한 것처럼, 미래의 문맹은 글자를 못 읽는 사람이 아니라 이미지를 못 읽는 사람입니다.

사실 제가 미디어적 전회를 받아들인 것은, 매체가 언어보다 더 근원적이라는 판단에서가 아니라 기존의 언어학적 패러다임으로 할 수 있는 담론의 놀이가 이제 거의 소진됐다는 판단에서입니다. 즉, 우리 눈앞에서 벌어지는 현상들을 미디어 이론이 더 적합하고 효율적으로 설명해낸다는 판단에서입니다. 하지만 이 놀이도 언젠가는 끝이 있겠지요. 그리고 아마 또다른 놀이가 시작될 겁니다. 그것이 무엇인지 이 시대에 예상하기 어려울 뿐이죠.

Q

영화 「매트릭스」처럼 정말로 기술 격차로 인해
계급이 나뉘는 사회가 오게 될까요?

기술 격차는 문자문화 시대에도 있었습니다. 솔직히 지금 우리나라를 보세요. 문맹률이 0이라고 하지만, 사실 글자를 아는 사람들이 맞는지 도대체 말이 안 통하는 사람들이 엄청나게 많거든요. 그런 현상은 이미 문자문화에서도 있었고 영상문화에서도 있을 거라는 겁니다.

디지털의 미래에 대해서는 두가지 상반되는 전망이 존재합니다. 영화 「매트릭스」는 그중에서 디스토피아적 미래를 보여줍니다. 거기서는 소수의 사람들만이 프로그래밍을 하고 나머지 사람들은 마치 히틀러의 표상을 자신의 세계로 착각하고 살아갔던 2차 세계대전 당시의 독일 사람들처럼 남의 프로그램을 자신의 세계로 착각하며 살아가죠. 실제로 사회는 그렇게 가고 있습니다. 우리의 정치, 경제, 언론을 보세요. 소수의 프로그래머들이 작성한 프로그램을 다수의 대중이 자신의 세계로 알고 살아가잖아요. 그 웃기지도 않은 세계에 미련해 보일 정도로 충실하잖아요.

제가 이상적으로 생각하는 사회는 모든 사람들이 프로그래머가 되는 사회입니다. 물론 모든 사람이 모든 영역에서 프로그래머가 될 수는 없지요. 하지만 적어도 자신의 영역에서는 프로그래머가 될 수 있고, 그 특수한 영역에서 획득한 프로그래밍 능력만 있으면 다른 모든 영역에서 타인이 작성한 프로그램의 본질을 간파할 수 있을 거라 생각합니다. 하지만 이는 그저 이상일 뿐, 현실적으로는 앞으로 도래할 사회가 「매트릭스」에 가까운 모습일 것이라는 불길한 생각이 듭니다.

하지만 어느 사회가 도래할지는 예언의 문제가 아니라 실천의 문제지요. 한마디로 싸움의 문제입니다. 디지털 기술이 가져다줄 미래에 대해 저는 낙관도 비관도 하지 않습니다. 군이 예측을 하자면, 그 어떤 비관 속에서도 인간은 결국 살아남았다는 답변을 드리겠습니다. 수많은 종말론적 상황 속에서도 인류는 과거와 비교해 진보했고, 사회는 과거보다 발전했다고 생각합니다. 그래서 큰 걱정은 하지 않습니다.

최근 중고등학교에서 소프트웨어 코딩을
학습과정에 포함시키기로 했다고 합니다. 디지털 세대인
학생들에게 맞는 새로운 교과과정이 필요하다고 생각하시나요?

코딩을 가르치는 것은 필요하다고 봅니다. 사실 우리
도 학교 다니면서 기술 시간에 공작을 배우고 상업 시간
에 부기를 배웠잖아요. 그게 실생활에 얼마나 도움이 됐
는지는 모르겠지만. 아무튼 디지털 시대의 '코딩' 교육은
과거 산업화 시절 학교에서 '실과' '기술' '상업' '가정'을
가르치던 것의 디지털 버전이라고 봅니다.

사실 코딩 자체도 대단한 능력이 아니라 산업화 시대
기능공의 그것에 해당하는 낮은 수준의 기술이라 할 수
있습니다. 문제는 코딩 교육을 하느냐 마느냐가 아니라
코딩 교육을 어떻게 하느냐겠죠. 아이들이 코딩을 놀이처
럼 접할 수 있게 해주는 환경이 중요합니다. 핵심은 코딩

하는 기법을 배우는 게 아니라 무엇을 코딩할지 떠올리는 것이니까요.

그런데 벌써부터 부모들이 애들을 학원에 보내서 코딩 과외를 시키는 장면이 떠오르지 않나요? 사실 빌렘 플루세르가 말하는 '프로그래밍'이라는 것은 기술적 의미의 코딩만을 뜻하지 않습니다. 더 넓은 의미의 기획(project)을 말하는 것이죠. 그런 넓은 의미에서라면 기술적 의미에서 코딩을 못하는 사람이라도 얼마든지 대안적 세계의 프로그래머가 될 수 있습니다. 사실 기술적 의미의 프로그래밍은 더이상 고급한 능력으로 취급받지 못하는 분위기죠.

그러므로 학교에서 코딩 교육을 한다 하더라도, 산업사회처럼 기능공을 양성한다는 목적을 내세우기보다는 아이들로 하여금 코딩과 유희적 관계를 맺음으로써 코딩을 통해 자신들의 상상력을 실현하는 훈련을 하도록 하는 게 중요하다고 봅니다.

미래에는 기계가 모든 생산을 도맡고 인간은 유희만을
즐기게 될 것이라는 예측에 대해서는 어떻게 생각하시나요?
인간의 노동이 종언을 맞는 시대가 올까요?

자본주의 체제가 유지되는 한 절대로 그런 시대는 오
지 않을 것이라 봅니다.

사실 과거에 인간이 하던 많은 일을 이제는 기계가 대
신하게 되었습니다. 그렇다고 인간의 삶이 더 편해졌나
요? 물론 편해진 측면은 있을 겁니다. 세탁기 덕분에 빨래
하는 시간을 줄일 수 있고, 자동차 덕분에 이동하는 시간
을 줄일 수 있고, 조립 로봇 덕분에 생산에 드는 시간을 줄
일 수 있었지요. 그렇다고 우리가 일을 덜 하게 됐나요?
노동시간은 과거에 비해 크게 줄지 않았습니다.

결국 인간이 노동을 유희로 즐기는 사회가 오느냐 마
느냐는 기술의 문제가 아니라는 겁니다. 문제는 인간과

자연의 관계가 아니라 인간과 인간의 관계, 맑스의 용어를 빌리자면 사회적 계급관계에 있다고 봅니다. 우리의 경우 인간과 인간이 관계를 맺는 방식으로 자본주의를 택하고 있지요. 자본주의하에서는 노동이 유희가 되는 게 아니라, 거꾸로 유희마저 노동이 됩니다. 생산이 예술이 되는 게 아니라, 거꾸로 예술마저 생산이 됩니다.

하지만 자본주의 체제는 동시에 매우 유연한 체제이기도 하지요. 그 속에서 어떻게 투쟁하느냐에 따라 기술을 둘러싼 인간과 인간의 관계 역시 크게 달라질 수 있다고 봅니다. 인간이 테크놀로지 덕분에 삶을 유희로 즐기는 정도는 이른바 계급적 역관계에 달려 있겠지요.

디지털 시대에는 인간과 인간이 관계를 맺는 방식이
달라지기 때문에 새로운 사회론이 필요하다고 말씀하셨습니다.
그렇다면 디지털 시대의 정치는 어떤 방식으로 바뀔까요?

그 점에 대해서는 이미 『이미지 인문학』에서 잠깐 언급한 바 있습니다. 빌렘 플루세르는 정치를 '저개발의 정치'와 '과개발의 정치'로 나눕니다. 이른바 후진국의 정치는 저개발의 정치로, 거기서 정치는 주로 생존을 위한 격렬한 투쟁으로 전개됩니다. 우리나라 1970~80년대의 노동운동과 학생운동을 생각해보십시오. 아니, 멀리 갈 것 없이 비교적 최근에 벌어진 쌍용차 사태를 봅시다. 노동자와 경찰 사이에 목숨을 건 격렬한 불리적 충돌이 벌이지지 않습니까? 이런 것이 저개발의 정치, 투쟁으로서의 정치입니다.

반면 선진국의 정치는 과개발의 정치로, 거기서 정치

는 대개 즐거운 유희로 전개됩니다. 가령 우리나라에서도 광우병 촛불집회 같은 경우가 유희의 성격을 띠고 있었죠. 제가 보기에 광우병 촛불집회는 거대한 MMORPG (massively multiplayer online role-playing game)였습니다. 촛불집회는 이중적 성격을 띠고 있었습니다. 그것은 정부의 정책에 대한 정치적 항의이자, 그것을 명분으로 한 집단적 놀이이기도 했지요. 촛불시민의 의식 속에서는 정치의식과 유희정신이 하나로 결합되어 있었습니다.

과거의 영상과 디지털 영상은 성격이 전혀 다릅니다. 가령 영화나 텔레비전의 영상은 관객에게 일방적으로 전달됩니다. 관객은 영상 속에서 전개되는 사건에 개입할 수 없기 때문에 그 사건을 앉아서 '운명'으로 경험하게 됩니다. 반면 컴퓨터의 영상은 다르죠. 그것은 쌍방향성을 허용합니다. 때문에 영화와 텔레비전을 보고 자란 세대는 일단 영상을 보면 뒤로 물러나 어떤 일이 벌어지나 구경을 하려 합니다. 하지만 태어나서부터 컴퓨터 게임을 한 세대는 영상을 보면 달려들어 조작하려 듭니다.

과거의 정치가 대중을 일방적인 동원의 대상으로 여겼다면, 디지털 시대의 정치는 대중을 능동적이며 적극적인 '플레이어'로 만들어야 합니다. 한국의 인터넷 문화가 만개하던 시절, 노무현 정권의 이름이 '참여정부'였다는 점을 생각해보세요. 이렇게 디지털 시대의 정치는 대중을 수동적 동원의 대상이 아니라 능동적 참여의 주체로 만드는 경향이 있습니다. 유감스럽게도 두차례에 걸친 보수정권을 통해 정치문화 자체가 1970년대로 후퇴해버렸지만 말입니다.

미국 대선에서 오바마 캠프는 대중들을 유세장에 동원하기 위해 '게이미피케이션'을 이용했지요. 그것으로 정치를 하나의 놀이로 바꾸어버린 것입니다. 이렇게 정치를 유희로 변화시키는 것 역시 디지털 정치의 중요한 특성임이 분명합니다. 하지만 이 경우에 유희는 아직도 정치적 동원의 수단으로 활용되고 있을 뿐입니다. 그보다 더 진화한 현상은 한국의 촛불집회에서 찾을 수 있습니다. 촛불 대중은 정치 엘리트들이 기획한 게이미피케이션에 동원된 게 아니라, 정치를 놀이로 만드는 게이미피케이션을 스스로 기획했기 때문입니다.

과거 문자문화 시대에는 일군의 정치 엘리트들이 대중을 계몽하고 동원하여 이른바 '역사'를 창조하려 했지요. 디지털의 대중은 이와는 완전히 다른 정치의식을 갖고 있습니다. 그들은 엘리트에 의해 영도당하는 게 아니라 정치에 능동적으로 참여하여 '서사'를 창작하려 합니다. 일종의 집단적 영웅 서사시라고 할까요? 남이 쓴 역사(history)에 동원되는 게 아니라 자기들이 쓴 서사(story) 속으로 들어가 그 안에서 이름 없는 영웅이 되고 싶어합니다. 디지털 시대에 정치가 성공하려면 이 점을 분명히 인식해야 합니다.

기계가 점차 인간의 영역을 대신하고 있습니다.
사람이 기술에 의해 대체될 수 있다고 보시나요?

그 걱정은 하지 않으셔도 될 겁니다. 백남준 씨가 최초의 아트 로봇 K-456(1964)을 만들었을 때의 일입니다. 매우 허술하지만 그래 봬도 최초의 이족 보행 로봇이었습니다. 백남준 씨는 이 로봇으로 하여금 뉴욕 시내를 걷게 한 후 자동차 사고를 내는 퍼포먼스를 벌이고는 '21세기 최초의 사고'가 발생했느니 하면서 너스레를 떨었지요. 당시 이 로봇을 보고 많은 사람들이 걱정을 했습니다. 만약 로봇이 인간의 일자리를 뺏는다면 어떻게 되겠느냐면서 말이지요.

지금도 비슷한 걱정을 하는 사람들이 많습니다. 미국 시장조사업체 가트너(Gartner)는 2018년에는 전세계 300만명 이상이 '로봇 상사'와 일하게 될 것이라고 이야기하죠. 그 우려의 목소리에 백남준 씨는 이렇게 대꾸했습니다. "내 로봇은 사람들에게 일거리를 주기 위해 만들어졌습니다. 저 로봇을 10분 동안 움직이는 데 다섯 사람이나 필요합니다." 저는 그의 말 속에 정확한 답변이 들어 있다고 생각합니다.

한편으로 인간이 하는 많은 일을 앞으로는 로봇이 대신하게 될 겁니다. 그것은 분명합니다. 하지만 그렇다고 해서 인간이 '잉여'로 전락하는 것은 아닙니다. 그때쯤이면 인간은 이미 그 일을 버리고 기계로 대체할 수 없는 다른 일을 하고 있을 테니까요. 물론 현존하는 많은 직업들이 인공지능의 발달로 사라져갈 겁니다. 하지만 직업들이 그냥 사라지기만 하는 건 아니죠. 그 흐름의 반대편에서는 이제까지 존재하지 않았던 새로운 일자리들이 생겨날 겁니다.

생각해보세요. 한때 계산하는 실력은 오직 인간만이 가질 수 있는 고귀한 능력으로 여겨졌죠. 하지만 컴퓨터가 그 일을 하게 된 후, 계산은 더이상 인간의 격조에 어울리는 일로 여겨지지 않습니다. 계산을 하던 인간은 이제 그 일을 기계에 맡겨두고, 바로 그 계산기를 프로그래밍하는 데로 넘어갔죠. 이 예가 보여주듯이 기술만 진화하는 게 아닙니다. 인간도 기계와 더불어 공진화합니다.

물론 귄터 안더스(Günter Anders) 같은 이는 기술의 발전으로 인간이 골동화할 것이라 말했습니다. 기술이 발전하는 속도에는 한계가 없는데 인간의 진화 속도는 자연적 한계에 사로잡혀 있다는 겁니다. 그래서 둘 사이에 격차가 생길 수밖에 없고, 그 격차가 벌어질수록 인간은 골동품이 된다는 거죠. 저는 그의 견해에 동의하지 않습니다. 또 어떤 이는 2030년경에 기계가 이른바 '특이점'(singularity)에 도달할 것이라고 성급하게 단언합니다. 하지만 저는 특이점 따위는 결코 오지 않을 것이라 감히 단언합니다. 제가 보기에 인공지능 연구는 결국 무지개 쫓기에 가깝거든요. 이만큼 다가가면 무지개는 벌써 저만큼 가 있고, 다시 그리로 가면 다시 저만큼 물러서 있고.

영원한 숨바꼭질이죠.

　　만약 인간의 모든 비밀을 다 풀어낸다면? 글쎄요, 아마 그때는 인간이 신이 돼 있을 거니까, 크게 걱정 안 하셔도 될 겁니다.

언젠가 기계가 인간과 같은 지능을 가지게 된다면,
그때는 결국 인문학의 본질이 해체되는 것은 아닐까요?

하나의 질문 안에 두가지 물음이 들어 있는 것 같습니다. 하나는 기계가 인문학을 과연 잉여로 만들 것인가 하는 물음이겠지요. 실제로 언젠가 어느 이공계 교수님이 제게 이렇게 묻더군요. "뇌과학자들이 인간 뇌의 메커니즘을 모두 밝혀내면, 그때 인문학자들은 뭘 하죠?" 그 물음에 저는 "그런 문제는 걱정 안 하셔도 됩니다"라고 답변드렸습니다. 그분의 면전에서 제가 차마 덧붙이지 못한 답변은 이것이었습니다. "인문학자들이 일을 잃기 전에 과학자들부터 일을 잃을 테니까요." 생각해보세요. 상식적으로 인문학보다는 아무래도 과학의 지식이 형식화하여 기계에 코딩해넣기에 더 적합하고 수월하지 않겠어요? 만약에 기계로 인해 인문학이 존재이유를 잃는다면, 이미 그때에는 공학과 과학 전체가 존재이유를 잃은 상태일 겁니다.

또 하나의 물음은 과학으로 인해 인문학이 전통적으로 인간에게 부여한 아우라가 파괴되지 않겠느냐는 것이겠지요. 실제로 프리드리히 키틀러 같은 사람은 오늘날 인간을 더 잘 설명해주는 것은 전통적으로 인문학자들이 인간에게 부여한 수식어구, 가령 '주체'니 '정신'이니 '의식'이니 하는 것들이 아니라 '기술적 표준'이라고 잘라 말하죠. 실제로 뇌과학, 인지과학, 인공지능 연구와 더불어 전통적인 인문학에서 연구하던 많은 주제들이 과학자들의 손으로 넘어갈 겁니다. 그뿐인가요? 그와 더불어 철학자들이 인간에게 부여했던 아우라도 깨지겠지요. 과학자들은 인간의 육체와 정신을 일종의 기계로 간주하는 경향이 있으니까요.

그런다고 인문학의 본질이 파괴될 것 같지는 않습니다. 과학자들이 다루는 것은 기계를 통한 인간 기능의 '시뮬레이션'이지 인간 그 자체는 아니거든요. '주체' '의식' '정신'과 같은 전통적 개념들은 과학 이전에 이미 포스트구조주의 담론에 의해 해체된 바 있습니다. 그렇다고 인문학의 본질이 사라지거나 인간의 존엄성이 상처를 입지는 않았죠.

과학과 기술의 발전은 외려 인문학에 새로운 발전의 계기를 마련해줄 수 있습니다. 그 대표적인 예가 20세기 후반에 등장한 인지철학 같은 거죠. 가령 앞에서 언급한 데이비드 차머스의 예를 들어봅시다. 이분에 따르면 인공지능의 난제는 기계로 하여금 우리처럼 색깔, 소리, 냄새, 맛, 감촉 같은 현상학적 질(qualia)을 느끼게 만드는 것이라고 하지요. 과연 기계가 우리처럼 현상학적 체험을 할 수 있을까요? 이분은 그게 불가능하다고 말합니다. 그렇기 때문에 인간은 기계 이상의 존재라는 것이죠. 이는 인공지능으로 인해 인간의 인지에 관한 철학적 성찰이 사라지는 게 아니라 완전히 새로운 형태로 다시 제기된다는 것을 보여줍니다. 과학과 기술은 철학을 제거하기는커녕 이제까지 존재하지 않았던 문제들을 무더기로 제시하고 있지요.

과학도 그렇고 철학도 그렇고, 저 바닥으로 내려가면 결국 철학의 문제와 맞닥뜨리게 됩니다. 예를 들어 슈뢰딩거의 실험을 생각해봅시다. 다양한 대답이 제기됐습니다. '고양이가 죽었다.' '아니다, 고양이는 살았다.' '아니다, 고양이는 삶과 죽음이 중첩된 상태에 있다.' 이는 관찰과 실험으로 대답할 수 있는 '사실'의 문제가 아니라 검증과 반증의 영역을 초월한 철학적 '해석'의 문제입니다. 어느 학문이나 근원을 향하여 밑으로, 밑으로 내려가면 그 바닥에서는 결국 철학의 성격을 띨 수밖에 없다고 봅니다. 과학이나 기술이 인간의 비밀에 접근하면 접근할수록, 외려 인문학은 결코 사라질 수 있는 게 아니라는 사실이 더 분명하게 드러날 거라 믿습니다.

인공지능의 시대에는 윤리의 문제가 새로이 대두될 것 같습니다.
인간이 신의 영역을 넘보려고 할 때 생겨나는 문제에 대해
어떻게 생각하시나요?

말씀하신 대로 인공지능의 시대에 필요한 윤리학 역
시 새로운 인문학이 담당해야 할 중요한 주제 가운데 하
나입니다. 얼마 전에 보스턴 다이내믹스사(社)에서 행한
로봇 개 실험 영상 보셨나요? 사람이 로봇 개를 발로 차자
로봇 개가 그 충격을 극복하고 다시 균형을 잡는 영상입
니다. 이 영상이 유튜브에 올라가자 난리가 났습니다. 네
티즌들이 동물학대라고 집단으로 항의하는 사태가 벌어
진 거죠.

이걸 정말 동물학대라고 봐야 할까요? 사실 인간의
윤리의식이라는 게 상당 부분 '감정이입'에 기초해 있기
에, 기계에까지 감정을 이입하여 기계학대에 대해 윤리적

항의를 조직하는 것도 얼마든지 가능한 일입니다. 무인운전의 경우도 마찬가지죠. 급박한 사고 상황에서 기계가 행인을 보호할지, 아니면 운전자를 보호할지 양자택일을 해야 한다고 가정해봅시다. 기계를 이기주의적으로 프로그래밍해야 할까요? 아니면 이타주의적으로 프로그래밍해야 할까요? 아니면 속 편하게 그 판단을 랜덤 프로세스에 맡겨버릴까요? 이런 것들이 새로운 인문학의 주제로 떠오르게 되죠. 이것만 보아도 과학기술이 인문학을 폐기하는 게 아니라 외려 인문학을 요청하고 있음이 분명해집니다.

이어서 인간이 신의 영역을 넘보려 할 때 생기는 윤리적 문제에 대해 생각해봅시다. 사실 에덴동산에서 쫓겨난 순간부터 인간은 신이 되는 길을 밟아왔습니다. 그때 뱀이 인간에게 과일을 주면서 뭐라고 얘기했던가요? 이 것을 먹으면 신과 같아질 거라고 했지요. 적어도 뱀은 약속을 지켰습니다. 디지털 기술은 과거의 기술과 달리 사실 신적인 기술이거든요. 모든 것을 입자로 분석한 후 그

입자들을 합성해 새로운 현실을 만들어내니까요. 예컨대 나노 기술로 이제까지 존재하지 않았던 새로운 소재를 만든다든지, 유전자 기술로 신화 속에서나 존재하던 키메라를 만든다든지, 질량을 에너지로 전환하여 발전을 한다든지……

사실 디지털 기술이 앞으로 해낼 것에 비하면, 누구 말대로 우리는 아직 구석기시대에 있다고 할 수 있습니다. 이 기술이 앞으로 얼마나 발전할지 지금으로서는 가늠하기 어렵죠. 현재로서는 그 기술에 내재한 무한한 잠재성에 대한 막연한 느낌만 가질 수 있을 뿐입니다.

그럼에도 불구하고 인간은 자연상태에서 벗어나 어머니 자연과 싸우는 상태로 들어간 데에 모종의 죄책감을 느끼는 모양입니다. 그것이 성서에서는 '원죄'의 개념으로 표현되고 있지요. 이는 헤브라이즘 문명만이 아니라 헬레니즘 문명에서도 마찬가지입니다. 인간에게 불을 전해준 프로메테우스는 그 댓가로 코카서스 산맥에 사슬로 묶여 매일 독수리에게 간을 쪼아먹히는 벌을 받습니다.

'휘브리스'(hybris), 즉 신에 도전하는 죄에 대한 '네메시스'(nemesis), 즉 신의 응보라는 관념 혹은 느낌은 이렇게 두 문명에 모두 존재했습니다. 여기에 굳이 바벨탑의 신화를 덧붙일 필요는 없겠지요. 아마도 '인간이 신의 영역을 넘보려고 할 때 생겨나는 문제'라는 질문의 표현 속에도 그 원죄의식의 자취가 남아 있을 겁니다. '과연 인간이 그래도 되는가?' 하는 막연한 죄책감 말입니다.

과거에 신은 인간에게 절대적 윤리를 제공해주었습니다. 그래서 인간들은 사고와 언행의 기준을 신에게서 찾았지요. 하지만 오늘날 진지하게 신의 존재를 믿는 사람은 없지요. 아무리 독실한 기독교 신자라 해도 중세의 서구인들이 신을 믿듯이 그렇게 진정으로 믿지는 않을 겁니다. 니체가 '신은 죽었다'고 선언한 것은 결국 윤리의 기준을 더이상 신에게서 찾을 수 없게 되었다는 뜻일 겁니다. 신이 죽었다고 해서 윤리가 사라지는 것은 아닙니다. 이제 그 윤리를 인간들이 신을 대신하여 직접 만들어야 하는 거죠. 인간의 신의 영역을 넘본다면, 그로써 인간에게는 한때 신이 담당했던 그것을 해야 할 책임이 생기는 겁니다. 바로 기술의 사용을 통제할 윤리적 기준을 제시할 책임 말입니다.

오늘날 기술에 제한을 부여하는 것은 기술적 '능력'(can)이 아니라 '윤리적 허가'(be authorized to do)입니다. 가령 인간 복제를 생각해보세요. 우리는 막연하게나마 이게 기술적으로 실현 가능하다고 느낍니다. 그것을 못 만들게 하는 것은 사회 전체의 윤리적 합의입니다. 이렇게 우리는 이미 기술에 대한 윤리적 통제를 행하고 있죠. 새로운 기술이 발명되면 동시에 새로운 윤리도 발명돼야 합니다. 이 역시 과학기술의 발전이 인문학을 폐기하는 게 아니라 외려 요청하고 있음을 보여주죠.

Q

과학의 시대에도
종교가 살아남을 수 있을까요?

인공지능을 연구하는 학자들에 따르면, 인공지능이 현존하는 인간의 직업을 기계로 교체하더라도 마지막까지 교체되지 않고 남는 직업이 둘 있다고 합니다. 하나가 예술가, 다른 하나는 목사님이라고 하더군요. 사람들 사이에 신앙심은 약화된다 하더라도 종교 자체는 절대로 사라지지 않을 겁니다. 이 과학기술의 시대에도 처녀가 단성생식으로 득남을 했다는 황당한 믿음이 유지되는 데에는 다 이유가 있을 겁니다. 그 이유란, 종교는 과학이 답할 수 없는 문제에 답을 해준다는 것입니다.

가장 중요한 것은 '인간은 언젠가 죽는다'는 것입니다. 물론 이 실존적 난제를 해결하기 위해 냉동 캡슐 안에 들어가 부활의 그날을 기다리는 사람들도 있지만, 그 역시 문제의 완전한 해결책은 못 되죠. 의학이 발달한 미래에 다시 깨어나 자신을 죽음으로 몰고 간 그 질병을 치유한들, 인간의 신체 자체가 그렇게 프로그래밍된 이상 인간은 죽음을 피할 수 없을 테니까요. 인간은 언젠가 죽습니다. 이 사실 앞에서 과학이 무슨 위로가 될 수 있을까요?

과학과 종교가 대답하는 물음은 서로 성격이 전혀 다릅니다. 그렇기 때문에 자꾸 '창조과학' 운운하는 사람들이 한심한 거죠. 그들은 종교를 과학의 수준으로 '끌어올리려' 합니다. 하지만 그들이 실제로 하는 일은 종교를 과학의 수준으로 '끌어내리는' 겁니다. 그들이 종교를 애써 과학으로 만들려고 하는 것은, 무의식중에 과학이 종교보다 우월하다고 생각하기 때문일 겁니다. 여기서 그들이야말로 가장 극단적 형태의 불신자라는 역설이 성립합니다.

종교와 과학의 전쟁은 이미 오래전에 승부가 났습니다. 그 전쟁 끝에 두 상징 형식은 각자 제 영역을 찾았지요. 종교는 과학이 대답할 수 없는 문제에 답합니다. 인간의 삶은 유한하기 때문에 우리는 되도록 '좋은 삶'을 살아야 하지요. 삶이 무한하다면, 나쁜 삶을 살아도 그 무한한 시간 속에서 언제라도 바로잡을 수 있기에 굳이 지금부터 좋은 삶을 살 필요가 없을 겁니다. 삶이 유한하고 일회적이기 때문에 되도록 '좋은 삶'을 살아야 하는 것입니다. 그렇다면 '좋은 삶'이란 무엇일까요? 여기에 과학은 대답할 수 없습니다. 과학은 '가치'의 문제가 아니라 '사실'의 문제만 다루는 것이니까요.

삶의 의미는 무엇인가, 어떻게 살아야 하는가, 사후에는 어떻게 되는가, 여기에 답을 주는 것이 종교라고 생각합니다. 이런 물음은 과학으로는 답할 수가 없지요. 하지만 다른 한편으로는 죽음에 대한 답을 얻기 위해 굳이 절대자를 상정하는 종교를 가질 필요는 없다고 생각합니다. 제 경우에는 철학으로도 충분하다고 봅니다. 영생에 대한 소망 자체가 불교의 인식을 빌리면 어쩌면 자아에 대한 집착에서 나오는지도 모르죠. 그걸 '아집'이라고 하던가요?

어쩌면 '자아'라는 것 자체가 언어적 허구인지도 모

릅니다. 나를 둘러싸고 나를 규정하는 사회적 관계망들의 집합, 그것이 '자아'인지도 모르죠. 양파의 껍질을 까듯이 그것을 하나둘 풀어서 해체하면 사실 나는 더이상 존재하지 않게 됩니다. 그럼 영생의 소망 따위도 가질 필요가 없게 되지요. 그런 의미에서 불교는 서구적 의미에서 종교라기보다는 차라리 철학에 가까운 것 같습니다. 중세인들은 그런 물음에 답하기 위해 신학에 의존했지만, 고대인들은 그 과제를 철학으로 해결했지요. '실존의 미학'이라고 하나요? 그리스인들은 스스로 신이 되는 식으로 삶의 유한성을 극복하려 했습니다. 제 경우에는 삶의 유한성을 극복하기 위해 굳이 신이라는 쓸데없는 가설은 세울 필요가 없다고 봅니다.

언젠가 트위터에 어느 독일 철학자의 말을 인용한 적이 있습니다. "주여, 나의 죽음의 순간에 당신을 부인할 용기를 주소서." 그 말이 마음에 들었던지 수많은 폴로어들이 이 글을 리트위트했습니다. 그중 한분이 제게 그 철학자에 대해 알려달라고 요청을 해왔는데, 저는 그 요청에 응할 수가 없었습니다. 왜냐하면 그 철학자는 실존하는 인물이 아니라 제가 멋대로 꾸며낸 가상의 인물이었기 때문입니다. 당연히 그가 했다는 그 말도 제가 지어낸 말이죠. 보르헤스(J. L. Borges)가 가짜 인용을 사용했듯이, 저 역시 트위터로 파타피지컬한 농담을 해본 겁니다.

하지만 그 말은 그냥 농담은 아닙니다. 인문학을 영어로 '휴먼 싸이언스'(human science)라고 하지요. 그 이름 속의 '휴먼'이라는 말은 많은 것을 의미합니다. 흔히 중세의 신본주의(theism)가 르네상스를 거치면서 인본주의(humanism)로 변모해갔다고 하지 않습니까? 저는 인문학 자체가 그 인본주의, 즉 휴머니즘의 정신을 바탕에 깔고 있다고 믿습니다. 그것이 의미하는 것은, 결국 인간의 문제는 인간이 해결하자는 것입니다. 자꾸 하나님 귀찮게 해드리지 말고요. 그분에게도 쉴 시간을 드려야 하지 않겠어요?

공부의 시대

진중권의 테크노 인문학의 구상

초판 1쇄 발행 / 2016년 7월 15일
초판 5쇄 발행 / 2020년 2월 6일

지은이 / 진중권
펴낸이 / 강일우
책임편집 / 최지수 이상술
조판 / 박지현
펴낸곳 / (주)창비
등록 / 1986년 8월 5일 제85호
주소 / 10881 경기도 파주시 회동길 184
전화 / 031-955-3333
팩시밀리 / 영업 031-955-3399 편집 031-955-3400
홈페이지 / www.changbi.com
전자우편 / nonfic@changbi.com